The Rare Jewel of
Christian
Contentment

그레이트 크리스천 클래식 1

그리스도인의 귀한 보물

만족

참된 만족 또는 행복은 오직 하나님만이 주실 수 있다. 우리는 스스로를 행복하게 할 수 있을 정도로 선하거나 강하지 않다. 그러나 하나님이 우리에게 필요한 모든 것을 주시므로 그리스도인은 세상 것들을 갖지 못한 때에도 하나님이 주시는 **영적인 축복**만으로 언제나 행복할 수 있다. "어떠한 형편에든지 내가 자족하기를 배웠노니……."

제러마이어 버로스 지음 | 김태곤 옮김

LEARNING TO BE HAPPY
by Jeremiah Burroughs

Copyright ⓒ 1988 by Grace Publications Trust,
7 Arlington Way,
London EC1R 1XA, England.
All rights reserved.

Korean Edition published by Word of Life Press, Seoul, 2010.
Translated and published by permission.
Printed in Korea.

만족, 그리스도인의 귀한 보물

ⓒ **생명의말씀사** 2010

2010년 11월 10일 1판 1쇄 발행
2024년 7월 24일   3쇄 발행

펴낸이 | 김창영
펴낸곳 | 생명의말씀사

등록 | 1962. 1. 10. No.300-1962-1
주소 | 서울시 종로구 경희궁1길 6 (03176)
전화 | 02)738-6555(본사) · 02)3159-7979(영업)
팩스 | 02)739-3824(본사) · 080-022-8585(영업)

기획편집 | 태현주, 조해림
디자인 | 박소정
인쇄 | 주손디앤피
제본 | 주손디앤피

ISBN 978-89-04-15923-9
ISBN 978-89-04-00152-1(세트)

저작권자의 허락 없이 이 책의 일부 또는 전체를
무단 복제, 전재, 발췌하면 저작권법에 의해 처벌을 받습니다.

그리스도인의 귀한 보물
만족

저자 소개

아침별보다 빛나는 설교자의 왕자, 제러마이어 버로스
Jeremiah Burroughs, 1599-1646

제러마이어 버로스는 '세상의 성자들'이라 불리는 청교도 가운데 정중동靜中動의 행보로 영적 혁명의 소용돌이를 헤쳐 나간 인물 중 한 사람이다.

'평화의 사람'이라는 별칭이 있을 만큼 온유의 미덕을 잘 실천하며 토머스 굿윈Thomas Goodwin, 윌리엄 브리지William Bridge 등 당대의 고명한 청교도 목회자들로부터 존경과 찬사를 받았던 그는 그 당시의 여타 위대한 청교도들과 같이 죽는 순간까지 삶의 모든 영역에서 하나님의 주권을 발견하고 거룩함을 추구하고자 했다.

설교와 저작 활동을 통하여 교회사 속에서 굳건히 자리매김하고 있는 그의 영적 통찰력

캠브리지 대학교 엠마누엘 칼리지 전경

은 지금까지도 여러 주옥같은 문헌들에 의해 전해지고 있다.

캠브리지 대학교 엠마누엘 칼리지에서 교육을 받았으나 영국 국교의 탄압을 피해 학업을 중단하면서 세인트 에드먼즈 교회에서 에드먼드 캘러미 Edmund Calamy 목사를 보좌했으며, 5년 여 동안 노퍽 지방에서 강의하기도 했다. 그러나 점차 박해가 심해지던

에드먼드 캘러미

저자 소개

청교도 귀족, 워릭 백작

    1636년경 주교 렌Wren이 쓴 악의에 찬 기사 때문에 강사직에서 쫓겨나 생계 수단까지 끊어지자 청교도 귀족인 워릭Warwick 백작의 호의에 의탁하여 네덜란드 로테르담의 영국인 교회로 옮겨 갔다.

    그가 영국으로 돌아온 것은 1642년, 청교도 혁명으로 비국교도 박해 세력이 줄어들면서였다. 귀국 후 잉글랜드 최대의 회중 수를 자랑하던 런던 크리플게이트 교회와 스테프니 교회의 설교자로 선출

버로스가 설교했던 런던 크리플게이트 교회

만족, 그리스도인의 귀한 보물

웨스트민스터 회의

되는 한편, 웨스트민스터 회의 회원으로 활동하기도 했다.

'온화한 성직자'란 평을 듣던 그도 당시 교회 내에 정치적인 분열이 일어났을 때는 상당히 고심했던 흔적이 보인다. 어쨌든 그는 교리와 교회 정치에 대한 독자적인 신념을 갖고 있었으나 그 결의를 실천할 때에는 주 예수 그리스도의 성품을 닮고자 하는 평생의 소원에 따라 평화로운 해결을 위한 지혜를 발휘할 줄 아는 사람이었다.

교파 간에 이견이 속출했을 때 성공회를 표방하는 자들이 어서 James Ussher 대주교처럼 행동하고 모든 장로교인들이 스

저자 소개

버로스가 '설교자의 왕자'라는 명성을 누렸던 스테프니 교회

티크 마셜Stephen Marshall처럼 움직이며 모든 독립교도들이 제러마이어 버로스처럼 처신한다면 교회 문제는 속히 치유되었을 거라는 말이 있을 정도였다.

그는 또한 명철하고 군더더기 없는 설교로 유명하였다. 스테프니 교회에서 오전 예배 설교자로 재직할 당시, 오후 예배 때 설교하던 윌리엄 그린힐William Greenhill이 '저녁별'로 불리던 것에 비견하여 '아침별'로 불리며 과장이나 허세 없이 명료한 설교를 하여 '설교자의 왕자'라는 위명을 떨치기도 했다.

동시에 탁월한 저술가이기도 했던 그는 47년의 길지 않은 삶 동안 영향력 있는 작품들을 다수 써냈다.

그 중에서도 가장 널리 알려져 있고 가장 인기 있으며 이 책의 원작이기도 한 『그리스도인의 만족이라는 귀한 보물』 The Rare Jewel of Christian Contentment 은 그가 눈감은 지 2년째 되던 해인 1648년에 출간되었다. 그리스도인의 진정한 만족, 세상에서 얻을 수 없는 참된 평안이 어디에 있는지 알았기에 그는 세상 가운데서 그토록 초연할 수 있었는지도 모른다.

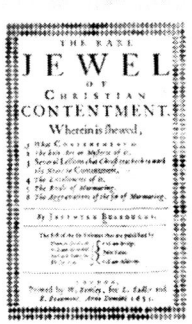

『그리스도인의 만족이라는 귀한 보물』

저자 소개

들어가는 글

비할 바 없이 귀하고 소중한 보물, 그리스도인의 내적 만족

    이 책은 행복에 관한 책이다. 여기서 말하는 행복은 일반적인 행복이 아니라 그리스도인이 됨으로써 얻는 '특별한 행복'이다.

    이 특별한 행복을 설명하기 위해 여러 단어들이 사용되지만 나는 보통 '그리스도인의 행복' 또는 단순하게 '행복'이라고 부른다. 그러나 이것을 자신이 원하는 것을 모두 가져서 행복하다는 뜻으로 이해해서는 안 된다.

    행복을 표현하는 또 다른 단어는 '기쁨'이다. 기쁨은 실제로는 슬프면서도 겉으로는 활짝 미소 짓는다는 의미가 아니다. 행복을 나타내는 또 다른 단어는 '만족'이다. 이것 또한 달리 할 수 있는 일이 아무 것도 없어서 어쩔 수 없이 하나님의 뜻을 음울하게 받아들임을 뜻하지 않는다.

이 모든 단어가 묘사하는 것은 하나님이 하신 일에 대해 그리스도인이 내면으로부터 느끼는 깊은 만족이다. 이 내적인 만족은 그리스도인을 행복하게 하고 하나님에 대한 불평을 멈추게 한다. 마치 서로에게 늘 만족하므로 슬픈 때에도 행복을 잃지 않는 가족처럼, 내적 만족이 충만한 그리스도인은 힘든 상황에서도 행복하다.

이 책은 제러마이어 버로스Jeremiah Burroughs가 쓴 『그리스도인의 만족이라는 귀한 보물』The Rare Jewel of Christian Contentment 의 요약본이다. 『그리스도인의 만족이라는 귀한 보물』은 빌립보서 4장 11절을 주해한 것으로, 여기에서 버로스는 '그리스도인의 만족'이라는 주제를 여러 각도에서 고찰한다.

그는 여러 논점들을 다루면서 앞에서 했던 말을 다른 맥락에서 종종 반복하기도 한다. 따라서 이 책을 한꺼번에 처음부터 끝까지 읽을 경우 혼란스러울 수 있다. 한 번에 한 장씩 읽고 묵상하는 것이 가장 좋겠다.

마지막 두 장을 제외하고는 버로스의 논점 제시 순서를 그대로 따랐다. 행복을 얻는 법을 살펴보고 난 후 행복을 지키는 법을 다루는 것이 보다 논리적이라고 생각하기 때문이다.

1987년 9월
필립 테이트 Philip Tait

차례

저자 소개 제러마이어 버로스, 아침별보다 빛나는 설교자의 왕자 *4*
들어가는 글 비할 바 없이 귀하고 소중한 보물, 그리스도인의 내적 만족 *10*

PART 1 그리스도인의 만족이란 어떤 것인가?

1. 그리스도인의 행복 *20*

참된 행복 | 내면으로부터 오는 행복 | 흔들리지 않는 행복 | 하나님이 주시는 행복 | 하나님이 원하시는 일을 하는 데서 오는 행복 | 여전히 행복한 그리스도인

2. 행복의 비밀 *30*

온전한 만족, 철저한 불만족 | 덜 가지는 데서 오는 행복 | 다른 염려의 시작점 | 시련 속에서 꽃피는 행복 | 더 많이 행함으로 얻는 행복 | 하나님의 뜻을 최선으로 할 때의 행복 | 내면의 경건 | 무엇이든 기뻐하는 그리스도인 | 예수님으로부터 용기를 얻는 그리스도인 | 하나님을 아는 데서 오는 행복을 누리는 그리스도인 | 내면의 평안

PART 2 그리스도인은 왜 행복해야 하는가?

3. 하나님의 약속   *50*
구원의 약속이 주는 행복 | 영원한 약속 | 약속에 대한 확신

4. 행복 수업   *58*
1과. 자신을 부인하라 | 2과. 그리스도의 자기 부인을 본받으라 | 3과. 하나님 없이는 만족할 수 없음을 알라 | 4과. 예수 그리스도를 청종하라 | 5과. 나그네와 군사가 되라 | 6과. 좋은 때를 즐기라 | 7과. 자신을 알라 | 8과. 부요함을 주의하라 | 9과. 자신이 무엇을 원하는지 주의하라 | 10과. 하나님이 온 우주를 컨트롤하심을 기억하라

5. 행복한 그리스도인   *76*
하나님을 영화롭게 하는 그리스도인 | 하나님을 섬길 준비가 된 그리스도인 | 현재의 삶에 자족하는 그리스도인 | 하나님의 상급을 고대하는 그리스도인

PART 3 그리스도인은 왜 불평하면 안 되는가?

6. 불평은 해롭다   *86*

더욱 악화한다 | 죄악이다 | 하나님께 대한 반역을 수반한다 | 회심과 상충된다 | 하나님의 기준에서 벗어난다 | 기도를 의미 없게 한다 | 불행을 불러온다 | 더욱 불행하게 한다 | 하나님의 보호로부터 소외시킨다

7. 불평을 멈추어야 할 때   *102*

큰 축복 가운데서의 불만 | 사소한 일에 대한 불만족 | 하나님의 은혜를 입은 자의 불평   하나님의 계획에 대한 원망

8. 불평에 대한 핑계들   *108*

사실 직시 | 죄 의식 | 하나님의 임재 불감증 | 타인의 태도 | 상황의 무거움 | 궁핍한 처지

PART 4 진정한 만족은 어떻게 얻을 수 있는가?

9. 행복을 얻는 법　*120*

세상 일에 몰두하지 말라 | 성경에 계시된 하나님의 말씀에 순종하라 | 믿음으로 자신의 상황을 이해하고 받아들이라 | 천상의 것을 사모하라 | 세상에 대하여 초연하라 | 하나님의 섭리에 순응하라 | 다른 사람의 말에 지나치게 연연하지 말라

10. 행복을 지키는 법　*130*

하나님께로부터 받은 것의 위대함을 기억하라 | 이생의 삶은 짧고 내세는 영원함을 되새기라 | 더한 고난을 당한 그리스도인들을 상기하라 | 참된 만족을 찾는 행복한 여정

참된 행복이란 하나님이 하신 일에 대해
내면으로부터 느끼는 깊은 내적 만족으로, 오직 하나님만 주실 수 있다.
우리는 스스로를 행복하게 할 수 있을 정도로 선하거나 강하지 않으나
하나님이 우리에게 필요한 모든 것을 주시기에
세상 것들을 갖지 못한 때에도 지극히 만족할 수 있다.

The Rare Jewel of
Christian Contentment

PART 1

그리스도인의 만족이란
어떤 것인가?

CHAPTER 1
그리스도인의 행복

누구나 행복하길 바란다. 하지만 행복을 쉽게 얻지는 못한다. 문제는 세상 것들로 행복해질 수 있다는 잘못된 믿음에 있다. 그래서 사람들은 세상 모든 것을 갖기 원한다. 그러나 사도 바울은 전혀 다르게 말한다.

"어떠한 형편에든지 내가 자족하기를 배웠노니 내가 비천에 처할 줄도 알고 풍부에 처할 줄도 알아 모든 일에 배부르며 배고픔과 풍부와 궁핍에도 일체의 비결을 배웠노라" 빌립보서 4:11-12.

참된 행복

참된 행복은 오직 하나님만 주실 수 있다. 하나님에게는 자신을 행복하게 해줄 물건이나 사람이 필요하지 않다. 세상을 창조하시기 전에도 삼위일체의 삼위는 온전히 행복하셨다. 하나님은 그리스도인이 행복하기 원하신다. 우리는 스스로를 행복하게 할 수 있을 정도로 선하거나 강하지 않다. 그래서 하나님이 우리에게 필요한 모든 것을 주신다.

"우리가 다 그의 충만한 데서 받으니 은혜 위에 은혜러라"
요한복음 1:16.

따라서 그리스도인은 세상 것들을 별로 갖지 못한 때에도 하나님이 주시는 영적인 축복만으로 언제나 행복할 수 있다. 그리스도 안에 필요한 모든 것이 있다.

그리스도인의 행복은 때로 '만족'이라고 불린다. 바울은 이렇게 말했다.

"자족하는 마음이 있으면 경건이 큰 이익이 되느니라 우리가 세상에 아무 것도 가지고 온 것이 없으매 또한 아무 것도 가지고 가지 못하리니 우리가 먹을 것과 입을 것이 있은즉 족한 줄로 알 것이니라 부하려 하는 자들은 시험과 올무와 여러 가지 어리석고 해로운 정욕에 떨어지나니"디모데전서 6:6-9.

"돈을 사랑치 말고 있는 바를 족한 줄로 알라 그가 친히 말씀하시기를 내가 과연 너희를 버리지 아니하고 과연 너희를 떠나지 아니하리라 하셨느니라"히브리서 13:5.

행복이란 무엇인가? 먼저 하나님이 주시는 행복이 어떤 것인지 살펴보자.

내면으로부터 오는 행복

첫째, 그리스도인의 행복은 내면에서 나온다. 마음 깊은 곳에서 여전히 불평하면서도 그 불평을 입 밖으로 내지 않으면 겉으로는 행복한 것처럼 보일 수도 있다. 그러나 하나님은 우리의 생각을 꿰뚫어보신다.

다윗은 "나의 영혼아 잠잠히 하나님만 바라라"고 말했다 시편 62:5. 그것이 진정 행복해질 수 있는 유일한 길임을 알았기 때문이다. 하나님을 향한 이 같은 신뢰, 그리스도인의 내면에서 나오는 행복은 삶의 모든 영역에 영향을 미친다. 다윗은 하나님이 모든 것을 주관하심을 알았다.

하지만 다윗도 낙심할 때가 있었다. 그 역시 이 진리를 진정으로 받아들이지 못했기 때문이다. 그래서 이렇게 토로하였다.

"내 영혼아 네가 어찌하여 낙망하며 어찌하여 내 속에서 불안하여 하는고 너는 하나님을 바라라" 시편 42:5.

다윗처럼 우리도 내면에서 시작되어 우리를 완전히 만족하게 하는 행복에 마음을 고정시켜야 한다. 이것은 두터운

옷을 입으면 체온이 올라가 전신이 따뜻해지는 것과 같다. 옷을 입어 몸이 따뜻해지면 그 온기가 지속되듯이 그리스도인의 행복도 그렇게 지속된다.

흔들리지 않는 행복

들째, 그리스도인의 행복은 어려움이 닥쳐도 흔들리지 않는다. 어려운 일이 닥쳤을 때 그리스도인도 슬퍼한다. 다른 사람이 곤경에 처할 때, 그리스도인은 그들과 함께 슬퍼한다.

그리스도인은 자신과 고난 받는 자들을 위해 기도한다. 기도는 가치 있는 일이다. 예수님도 친히 "시험을 받아 고난을 당하셨은즉 시험받는 자들을 능히" 도우신다 히브리서 2:18.

성숙한 그리스도인은 문제에 직면하여 하나님께 기도하며 불평하지 않는다. 불평하고 싶을 때는 기도하면서 자신을 컨트롤한다. 또한 하나님께 불평하지 않고 순종하며 사랑한다.

자신의 문제에 관해 기도로 토로한다. 하나님의 도우심을 여전히 믿기 때문이다.

하나님이 주시는 행복

셋째, 그리스도인의 행복은 하나님이 이루시는 일이다. 그리스도인의 행복은 타고난 기질에 따른 결과도 아니며 주변에서 일어나는 일에 초연해서 얻는 결과도 아니다.

비그리스도인도 염려하지 않으려고 노력한다. 하지만 그리스도인의 행복은 염려하지 않으려고 노력하는 것 그 이상이다. 비그리스도인도 타고난 기질이나 굳은 결심, 이성을 통해 어느 정도 행복을 누릴 수는 있다. 그들은 자신의 능력이 미치는 범위 안에서만 행복하다. 그러나 그리스도인의 행복은 그렇게 얻을 수 있는 것이 아니다.

그리스도인의 행복은 하나님이 주시는 것이기에 비그리스

도인은 이해할 수 없는 미스터리이다. 이에 대해서는 다음 장에서 설명할 것이다.

하나님이 원하시는 일을 하는 데서 오는 행복

넷째, 그리스도인의 행복은 하나님이 원하시는 일을 하는 데서 온다. 하나님은 그리스도인에게 순종을 강요하시지 않는다. 그리스도인은 자발적으로 순종하며, 그럴 때 행복을 느낀다. 그리스도인은 하나님의 뜻에 복종하는 것만큼 자신을 행복하게 하는 것은 없음을 안다.

그리스도인은 자신의 장래를 하나님의 계획에 기꺼이 맡긴다. 설령 하나님의 계획이 자신의 생각과 전혀 다를지라도 그렇게 한다. 사실 그리스도인은 자신의 계획보다 하나님의 계획을 더 좋아한다. 왜냐하면 자신에게 유익한 것을 자신보다 하나님이 더 잘 아신다고 믿기 때문이다. 하나님은 그리스도인을 그들 자신보다 더 잘 이해하신다.

자신의 운명이 자기 손에 있다고 믿는 비그리스도인은 한 번의 실수가 큰 실패를 초래할 수 있으므로 미래를 두려워한다. 반면 그리스도인은 아무 것도 두려워하지 않는다. 그들은 자신의 미래를 하나님께 맡기고 그분의 인도하심을 즐거워한다.

솔로몬은 이렇게 말했다.

"너는 마음을 다하여 여호와를 의뢰하고 네 명철을 의지하지 말라 너는 범사에 그를 인정하라 그리하면 네 길을 지도하시리라" 잠언 3:5-6.

여전히 행복한 그리스도인

그리스도인이 곤경에 처했을 때 또는 나중에 하나님의 인도하심을 되돌아볼 때, 하나님이 자신의 삶을 주장하셨다는 사실에서 그들은 행복을 느낀다.

더욱이 어떠한 곤경이 닥쳐도 그리스도인의 행복은 지속된다. 우리에게는 어떤 종류의 시련에 부딪힐지 결정할 권한이 없다. 예를 들어, 재산을 잃을 준비는 되어 있으나 건강을 잃을 준비는 되어 있지 않다고 말할 권한이 없다.

어떤 시련이 닥쳐도 그리스도인은 행복하다. 온갖 시련들이 연이어 닥칠 수도 있다. 하지만 마음 깊은 곳으로부터 여전히 행복하다.

문제가 끝날 것 같지 않을 때에도 그리스도인은 여전히 행복하다. 그로 인해 그들의 삶 전체를 계획하신 하나님이 영광 받으신다.

The Rare Jewel of
Christian Contentment

그리스도인의 행복

그리스도인의 행복은 내면에서 나온다.

그리스도인의 행복은 곤경이 닥쳐도
흔들리지 않고 유지된다.

그리스도인의 행복은 하나님이 이루시는 일이다.

그리스도인의 행복은
하나님이 원하시는 일을 하는 데서 온다.

"우리가 다 그의 충만한 데서 받으니 은혜 위에 은혜러라" 요한복음 1:16

CHAPTER 2

행복의 비밀

바울은 자족의 비결을 배웠다고 했다 빌립보서 4:11-12.

그것을 '비결' secret이라고 한 이유는 많은 사람들이 알지 못하기 때문이다.

그리고 그리스도인을 행복하게 하는 것이 무엇인지 비그리스도인은 이해하기 힘들기 때문이다.

본장에서는 이러한 그리스도인의 행복에 관해 살펴볼 것이다.

온전한 만족, 철저한 불만족

첫째, 그리스도인의 행복을 이해하기 힘든 이유는 그것이 한편으로는 온전한 만족을, 다른 한편으로는 철저한 불만족을 수반하기 때문이다.

그리스도인은 하나님이 함께 하실 때 항상 행복하지만, 함께 하심을 느끼지 못할 때 불행하다. 또한 자신의 죄성을 생각할 때도 그리스도인은 불행해진다. 왜냐하면 죄가 하나님과 나누는 친교의 즐거움을 가로막기 때문이다. 그리스도인에게 있어 하나님의 사랑을 받는다는 것은 세상이 주는 그 어떤 것보다 중요하다.

몇몇 시편을 지은 아삽도 그렇게 느꼈다.

"하늘에서는 주 외에 누가 내게 있으리요 땅에서는 주밖에 나의 사모할 자 없나이다" 시편 73:25.

하나님의 사랑을 받는다는 이 느낌이 그리스도인을 가장

혹독한 곤경 속에서도 행복하게 만든다.

또한 그리스도인은 하나님이 주시는 평안을 경험한다. 이것은 "모든 지각에 뛰어난" 평안이다빌 4:7. 이 평안을 한번 경험하고 나면 이것 없이는 행복할 수 없다. 왜냐하면 평안이 평강의 왕이신 주 예수 그리스도가 자신과 가까이 계신 데 따른 결과임을 알기 때문이다.

그리스도인은 그분께 복종할 때 평안을 경험한다. 반면 비그리스도인은 평안을 원하지만 주 예수께 복종하기를 원치 않는다.

가장 행복하고 자족하며 평안한 사람이 바로 그리스도인임을 그들은 알아야 한다. 그리고 비그리스도인이 평안의 이유를 물어올 때, 그리스도인은 우리가 평강의 왕의 종이기 때문이라고 답해야 한다.

덜 가지는 데서 오는 행복

둘째, 그리스도인의 행복을 비그리스도인이 이해하기 힘든 이유는 그것이 더 많이 가지는 데서 오지 않고 덜 가지는 데서 오기 때문이다.

비그리스도인은 즐길 것들을 더 많이 가질수록 더 행복할 거라고 생각한다. 하지만 그리스도인은 그것들이 잠시 동안만 행복하게 할 뿐임을 알고 있다.

부자라고 해서 반드시 행복하진 않다. 그리스도인을 진정으로 행복하게 만드는 것은 하나님이 주시는 것만을 원하는 마음이다. 그리스도인의 행복은 은행에 쌓아 둔 예금이 아니라 하나님께 받은 것으로 만족하는 마음에서 생긴다.

이미 많은 것을 지녔으나 더 많이 원하는 사람은 불행하다. 지닌 것이 적으나 달리 아무 것도 원하지 않는 사람은 행복하다. 이는 마치 긴 다리와 짧은 다리를 하나씩 가진 사람보다는 두 다리 모두 짧은 사람이 훨씬 더 편하게 걷는 것과 같다.

이는 비그리스도인이 더 많은 물질을 얻으려고 애쓰는 이 시대에 그리스도인이 배워야 할 매우 중요한 교훈이다.

그리스도인은 더 많이 가짐으로써가 아니라 더 적게 원함으로써 행복해질 수 있음을 다른 이들에게 보여주어야 한다.

다른 염려의 시작점

셋째, 그리스도인의 행복을 이해하기 힘든 이유는 때로는 행복해지는 길이 염려를 중단하는 것이 아니라 다른 염려를 시작하는 것이기 때문이다.

우리가 어떤 문제로 인해 불행하다고 가정하자. 그 문제만 제거하면 행복해질 거라고 생각한다면 우리는 자신을 속이고 있는 셈이다.

우리를 진정 불행하게 만드는 것은 죄다. 우리가 죄에 대해 더 많이 염려한다면, 다른 문제들은 그렇게 심각해 보이지 않을 것이다.

그리스도인이 가장 범하기 쉬운 죄는 자신의 모든 것이 하나님께로부터 말미암았음을 잊어버리는 것이다. 또한 하나님께 대한 감사를 잊거나, 자신의 시련에 대해 하나님을 비난하는 것이다.

하나님이 우리에게 과분한 은혜를 베푸심을 기억한다면 행복해지기가 더 쉬울 것이다. 심지어 곤경의 때에도 그렇다. 예를 들어, 가족의 장래 계획이 의도대로 진행되지 않을 경우 그들은 서로를 비난하며 다툴 수 있다.

그러나 다툼은 죄다. 따라서 장래에 행복해지길 원한다면 다툼을 멈추고 하나님께 용서를 구해야 한다.

시련 속에서 꽃피는 행복

셋째, 그리스도인의 행복을 이해하기 힘든 또 한 가지 이유는 행복을 위해 문제가 꼭 해결될 필요는 없다는 사실이다.

때로 하나님은 시련 속에서 우리를 축복하신다. 바울은 이렇게 말한다.

"육체의 소욕은 성령을 거스리고 성령의 소욕은 육체를 거스리나니 이 둘이 서로 대적함으로 너희의 원하는 것을 하지 못하게 하려 함이니라" 갈라디아서 5:17.

이 싸움은 모든 그리스도인의 내면에서 진행되고 있다. 때로는 어떤 문제가 죄성을 극복하고 하나님께 더 가까이 나아가도록 도와준다.

이런 면에서 시련은 축복이 된다.

더 많이 행함으로 얻는 행복

다섯째, 그리스도인의 행복을 이해하기 힘든 이유는 더 많이 원하거나 더 많이 가짐으로써가 아니라 더 많이 행함으로써 행복을 얻는다는 점이다.

그리스도인은 이렇게 말한다.

"내게 일어난 모든 일의 배후에는 하나님이 계시며, 내가 이전만큼 행복하지 않은 것도 그분의 뜻이다. 그러나 나는 불평해서는 안 된다. 나는 하나님을 섬길 새로운 방법을 찾아야 하며, 그분께 순종함으로써 행복을 발견해야 한다."

그리스도인은 마치 구름을 잡으려고 애쓰는 어린 아이들처럼 자신이 갖지 못한 것을 가지려고 애씀으로써가 아니라 현재의 위치에서 하나님을 섬김으로써 더 행복해진다.

하나님의 뜻을 최선으로 할 때의 행복

여섯째, 그리스도인의 행복을 이해하기 힘들게 만드는 이유는 하나님의 뜻이 최선임을 받아들이는 법을 배울 때 그리스도인은 행복해진다는 것이다.

그것을 배울 때 그리스도인은 자신이 원하는 것을 갖지 못했다고 해서 염려하지 않는다. 그들이 행복한 이유는 하나님이 원하시는 것을 그들도 원하고, 그분이 사랑하시는 것을 사랑하고, 또한 그분이 미워하시는 것을 미워하기 때문이다. 그들은 이렇게 말한다.

"하나님이 나를 영적으로 지혜롭게 하셨다. 하나님이 나를 거룩하게 하셨다. 하나님은 당신의 뜻이 최선임을 받아들이도록 나를 가르치셨다. 그분이 그 점을 만족해 하시고 또한 그로 인해 영광을 받으시므로, 나는 행복하다."

내면의 경건

우리는 그리스도인의 행복을 이해하기 힘든 이 여섯 가지 이유를 이렇게 요약할 수 있다. 그리스도인을 행복하게 하는 것은 하나님이 그를 거룩하게 하시며 따라서 하나님이 하시는 일에 그의 행복이 달려 있다는 사실이다.

"너희 중에 싸움이 어디로 다툼이 어디로 좇아 나느뇨 너희 지체 중에서 싸우는 정욕으로 좇아 난 것이 아니냐"라는 야고보서 말씀은, 그리스도인 사이에 불행을 야기하는 것은 그들의 삶 속에 있는 죄임을 보여준다. 불경건으로 이끄는 내면적이고 죄악 된 감정을 제거한다면 우리는 훨씬 더 행복해질 것이다.

요컨대 참된 행복은 우리의 소유에 달려 있지 않고 우리가 어떤 사람인가에 달려 있다. 이것이 행복의 비결이다.

무엇이든 기뻐하는 그리스도인

이처럼 내면의 경건으로 인해 행복한 그리스도인은 하나님께로부터 받는 것은 무엇이든 기뻐한다.

그리스도인은 건강, 집, 음식, 의복, 친구, 가족, 직장, 기회, 여가 등 자신이 지닌 모든 것이 하나님의 선물임을 알고 있다. 이 모든 것은 하나님의 선물이며, 그분의 사랑을 보여주는 표시이다. 따라서 그리스도인은 이 모든 것을 즐거워하고 행복해 한다.

어떤 것들은 비그리스도인보다 적게 가질 수도 있지만, 그들은 자신이 지닌 것을 감사하게 여긴다. 이는 적게 가진 하나님의 자녀인 것이 많이 가지고서 죄의 정죄 아래에 있는 것보다 더 나음을 알기 때문이다.

더욱이 하나님의 사랑의 표시들은 천국에서도 하나님이 약속하신 좋은 것들을 받을 것에 대한 보증임을 그리스도인은 알고 있다. 그분께 받은 모든 것은 그리스도인을 행복하게 하며, 하늘에서는 얼마나 더 행복할지 상기시킨다.

예수님으로부터 용기를 얻는 그리스도인

또한 내면의 경건으로 인해 행복한 그리스도인은 시련을 당할 때 불평하기보다는 주 예수님을 생각함으로 위안을 얻는다.

그들은 신약성경을 통해 주 예수님이 얼마나 큰 시련을 당하셨는지 본다. 그리고 주님이 고난이 무엇인지 아시므로 그들의 고난에 공감하심을 알고 있다.

주 예수님은 육체적, 정서적, 영적 고뇌를 모두 경험하셨다. 예수님은 가난하셨고, 그래서 가난한 그리스도인을 위로하실 수 있다. 그분은 모욕을 당하셨다. 그래서 불의에 의해 희생된 그리스도인을 위로하실 수 있다. 그분은 고통을 당하셨기에, 고난을 견디는 힘을 간구하는 그리스도인을 위로하실 수 있다.

주님은 "너희가 물을 건널 때 내가 너희와 함께 할 것"이라고 약속하셨다.

그리스도인도 죽음이 두려울 수 있다. 그러나 주 예수님의 죽음을 생각할 때, 특히 그분이 죽음으로부터 살아나셨음을 기억할 때, 그리스도인은 용기를 얻는다.

이것은 그리스도인이 고난 중에 힘을 얻을 수 있는 유일한 길이다. 그리스도인은 죄를 사하시고 거룩하게 하시며, 모든 시련에서 도우실 수 있는 그리스도께로 돌이킨다.

큰 시련을 견뎌야 하는 그리스도인에게, 바울은 자신의 수단을 의지하지 말고 그리스도가 주시는 힘을 의지해야 한다고 강부했다. 바울은 그들이 "그 영광의 힘을 좇아 모든 능력으로 능하게" 되길 기도했다. 이것은 그들을 "모든 견딤과 오래 참음에" 이르게 하기 위함이었다 골로새서 1:11.

하나님을 아는 데서 오는 행복을 누리는 그리스도인

끝으로 내면의 경건으로 인해 행복한 사람은 가장 큰 행복이 하나님을 아는 데서 비롯됨을 깨달은 사람이다.

예루살렘 성이 대적의 손에 넘어가자 예레미야애가 기자는 극도로 낙심했다. 하나님의 백성을 위한 미래는 없는 것 같았다. 하지만 행복의 유일하고 참된 근원이 하나님이심을 알고서, 그는 "여호와는 나의 기업이시니 그러므로 내가 저를 바라리라"고 고백했다 예레미야애가 3:24.

하나님은 그리스도인에게 필요한 모든 것을 주신다. 그분이 주시는 것들은 마치 파이프가 물을 공급하듯이 행복을 가져다준다. 그러나 때로 공급이 끊기고, 물을 우물에서 직접 길어 날라야 한다. 마찬가지로 하나님이 주시는 것들이 더 이상 없을 때, 우리는 행복의 원천이신 하나님께로 나아가야 한다.

시간이 가면서 그리스도인은 참된 행복의 근원이 하나님이심을 점점 더 많이 발견한다. 그분은 행복의 유일한 원천이시다. "성 안에 성전을 내가 보지 못하였으니 이는 주 하나님 곧 전능하신 이와 및 어린 양이 그 성전이심이라 그 성은 해나 달의 비췸이 쓸데없으니 이는 하나님의 영광이 비취고 어린 양이 그 등이 되심이라" 요한계시록 21:22-23.

이 땅에서도 우리는 오직 하나님 안에 있는 이 행복을 경험할 수 있다.

내면의 평안

주 예수님은 말씀하셨다.

"하나님의 나라는 볼 수 있게 임하는 것이 아니요 또 여기 있다 저기 있다고도 못하리니 하나님의 나라는 너희 안에 있느니라" 누가복음 17:20-21.

그리스도인은 하나님의 나라를 고대하지만, 어떤 의미에서 하나님의 나라를 이미 누리고 있다. 그리스도인은 이생에서는 하나님의 나라를 맛보고 죽음 이후에는 온전히 경험할 것임을 안다.

하나님에 관한 경험은 그리스도인을 완벽하게 만족시킨다. 왜냐하면 그들이 원하는 모든 것을 그리스도가 채워 주실 수 있기 때문이다.

하지만 이 행복은 내면의 평안이 있을 때에만 임한다. 이는 마치 가정에 평안이 있어서 행복한 가족과 같다. 비그리스도인은 평안하지 않으며 따라서 행복할 수 없다. 이는 늘 다투는 가정이 불행한 것과 같다.

그리스도인은 자신의 내면에 평안과 행복이 있다는 사실

이 천상의 평안과 행복도 누릴 것임을 가리킨다는 것을 알고 있다. 이것을 알았던 그리스도인은 하늘을 고대하는 까닭에 믿음을 부인하기보다는 용감하게 죽을 수 있었다. 사도 바울은 이렇게 고백했다.

"그러므로 우리가 낙심하지 아니하노니 겉사람은 후패하나 우리의 속은 날로 새롭도다 우리의 잠시 받는 환난의 경한 것이 지극히 크고 영원한 영광의 중한 것을 우리에게 이루게 함이니 우리의 돌아보는 것은 보이는 것이 아니요 보이지 않는 것이니 보이는 것은 잠간이요 보이지 않는 것은 영원함이니라" 고린도후서 4:16-18.

다음 장에서는 하나님의 약속의 성취를 확신할 수 있는 이유에 대해 살펴볼 것이다.

The Rare Jewel of
Christian
Contentment

행복의 비밀

그리스도인의 행복은 한편으로는 온전한 만족을,
다른 한편으로는 철저한 불만족을 수반한다.

그리스도인의 행복은 더 많이 가지는 데서 오지 않고
덜 가지는 데서 온다.

그리스도인의 행복은 때로는 어떤 것을 염려할 때 시작된다.

그리스도인의 행복은
문제가 꼭 해결되어야만 오는 것이 아니다.

그리스도인의 행복은 더 많이 가짐으로써가 아니라
더 많이 행함으로써 얻는다.

그리스도인의 행복은 하나님의 뜻이
최선임을 받아들이는 법을 배울 때 이루어진다.

"어떠한 형편에든지 내가 자족하기를 배웠노니 내가 비천에 처할 줄도 알고 풍부에 처할 줄도 알아 모든 일에 배부르며 배고픔과 풍부와 궁핍에도 일체의 비결을 배웠노라" 빌립보서 4:11-12

하나님은 예수 그리스도를 믿는 모든 사람에게 위대한 약속을 주셨다.
죄인인 우리를 형벌로부터 구하기 위해 독생자 예수 그리스도를 보내시고
그분을 믿음으로 죄의 영향력으로부터 자유롭게 해주신다는
그 약속은 확실하고도 영원한 것으로,
그리스도인을 안심시키고 격려해 주며 행복하게 한다.

The Rare Jewel of
Christian Contentment

PART 2

그리스도인은
왜 행복해야 하는가?

CHAPTER 3
하나님의 약속

하나님은 예수 그리스도를 믿는 모든 사람에게 위대한 약속을 주셨다. 그러므로 하나님의 약속의 확실함을 생각할 때 그리스도인은 행복해진다.

구원의 약속이 주는 행복

의로우신 하나님은 죄를 눈감아 주실 수 없다. 하지만 그분은 죄인을 긍휼히 여기는 자애로운 하나님이시기도 하다. 하나님은 죄인들을 형벌로부터 구원하기 원하시며, 그들이 자신의 죄를 스스로 해결할 수 없기 때문에 친히 구원하기로 결심하셨다. 그래서 아들 예수 그리스도를 보내셨다.

그리스도는 인간이 되어 하나님 아버지께 온전히 순종하는 삶을 사셨다. 주 예수님은 십자가에 달려 돌아가셨다. 그분은 인간이 마땅히 받아야 할 징벌을 대신 담당하셨다.

하나님은 그리스도의 순종을 그리스도인에게 돌려, 그들의 죄악이 그리스도께 전가되었고, 그들에게 영생을 주실 것을 약속하셨다.

성령이 그들에게 새 생명을 주신다. 성령이 그들로 하여금 예수 그리스도를 믿게 하시고, 구원의 확신을 갖게 하시며, 그들을 강하게 하여 죄의 영향력을 극복할 수 있게 하신다.

영원한 약속

하나님의 약속들은 그분의 은혜로 말미암는다. 즉 그것들은 받을 자격이 없는 자들에게 주어지는 것이다.

하나님이 주기로 약속하신 것들은 영원하다. 그리스도의 죽음이 영원하고도 확실한 구원을 이루었다. 그분은 자기 백성을 잃지 않으신다. 그 약속은 그리스도인 각자에게 주어진다.

하나님의 약속은 그리스도인에게 큰 격려가 된다. 그분은 당신의 백성을 구원할 것을 약속하셨다. 이 약속은 그리스도인을 안심시키고 매우 행복하게 한다.

하나님은 마귀가 그들을 이기지 못할 거라고 약속하셨다. 이 약속 또한 그리스도인을 안심시킨다. 심지어 곤경과 낙심에 직면할 때에도, 미래가 불확실할 때에도 그리스도인은 행복하다. 하나님의 약속이 깨지지 않는다는 것을 알기 때문이다.

다윗은 하나님의 신실하심을 전적으로 확신했으며, 그분

의 말씀이 반드시 이루어지리라는 것을 알았다.

"내 집이 하나님 앞에 이같지 아니하냐 하나님이 나로 더불어 영원한 언약을 세우사 만사에 구비하고 견고케 하셨으니 나의 모든 구원과 나의 모든 소원을 어찌 이루지 아니하시랴" 사무엘하 23:5.

약속에 대한 확신

오늘날의 그리스도인은 하나님의 말씀이 반드시 이루어질 것에 대해 다윗보다 더 확신해야 한다.

우리는 하나님의 모든 약속을 이루신 주 예수님의 사역을 보았다. 구약성경에서 이스라엘 백성은 하나님이 약속하신 선한 일들로 기뻐하였지만 오늘날의 그리스도인은 그들 개인을 위해 하나님이 행하신 더 좋은 일들을 기뻐할 수 있다 히브리서 8장.

하나님은 구원의 약속 외에 다른 놀라운 약속도 많이 주셨다. 이 모든 약속은 하나님의 위대한 구원 약속에 비추어 이해되어야 한다. 문자적인 해석으로 그 약속들의 참 의미를 왜곡시켜서는 안 되기 때문이다.

예를 들어, 시편 91편은 하나님의 사람에게는 질병이나 사고나 해가 닥치지 않을 거라는 약속을 담고 있다. 고난에 직면한 그리스도인은 이 시편이 자신과는 무관한 내용이 아닌가 하고 생각할 수 있다.

이스라엘 백성은 육체적이며 외적인 축복을 순종의 대가로 기대할 수 있었다. 모세 율법에 제시된 축복과 저주는 그것이 사실임을 시사한다. 하지만 시편 91편 9-10절의 약속을 그리스도인에게 시련이 결코 닥치지 않는다는 뜻으로 이해해서는 안 된다.

"네가 말하기를 여호와는 나의 피난처시라 하고 지존자로

거처를 삼았으므로 화가 네게 미치지 못하며 재앙이 네 장막에 가까이 오지 못하리니."

오히려 이 말씀은 하나님이 언제나 그리스도인을 돌보시며 그들을 악으로부터 지키심을 확신하도록 해준다. 아버지가 자녀를 훈계하듯이 하나님이 그들을 연단하시기 위해 역경을 이용하실 수 있다. 이는 그들이 하나님의 자녀임을 입증해 준다.

하나님은 그리스도인에게 꼭 필요한 것을 공급하시고 해로운 것을 제거하신다. 이것은 언제나 자녀들의 유익을 위해서이다.

그리스도인에게 해로운 것 같은 일이 일어나더라도, 그 모든 것은 그들의 유익을 위한 하나님의 계획의 일부이다. 따라서 실제적인 해, 영적인 해, 영원한 해는 그들에게 임하지 않는다.

그리스도인이 적용할 수 있는 구약성경의 약속 중에 이사야 43장 2절과 여호수아 1장 5절이 있다. 히브리서 기자는 여호수아서의 약속을 강한 어조로 인용한다.

"내가 과연 너희를 버리지 아니하고 과연 너희를 떠나지 아니하리라" 히브리서 13:5.

하나님은 이 같은 약속들을 많이 주셨다. 이 모든 약속은 하늘을 가리키며, 하늘의 즐거움을 지금 여기서도 어느 정도 누릴 수 있음을 가르친다.

디는 마치 폭풍 속의 선원들이 한가로운 해변을 생각하며 위로를 얻는 것과 같다.

The Rare Jewel of
Christian
Contentment

하나님의 약속

하나님은 죄인인 우리를 형벌로부터 구하기 위해
아들 예수 그리스도를 보내셨고,
그분을 믿음으로 구원받게 하셨다.

하나님의 약속은 그분의 은혜로 말미암는 것으로
영원하고도 확실하다.
이 약속은 그리스도인을 격려하고 안심시킨다.

하나님의 약속은 하늘의 즐거움을 미리 보여준다.

"내 집이 하나님 앞에 이 같지 아니하냐 하나님이 나로 더불어 영원한 언약을 세우사 만사에 구비하고 견고케 하셨으니 나의 모든 구원과 나의 모든 소원을 어찌 이루지 아니하시랴" 삼하 23:5

CHAPTER 4
행복 수업

본장에서는 학교를 소개한다. 이것은 수학이나 과학, 지리를 가르치는 학교가 아니다. 교사는 그리스도시며, 행복해지는 법을 우리에게 가르치신다. 교과 내용은 열 가지이다. 이 과정을 마치는 그리스도인은 어떤 일을 만나도 진정으로 행복할 수 있음을 깨닫게 된다.

그리고 꼭 기억해야 할 사항이 있다. 그리스도는 교사이실 뿐 아니라, 그분의 삶 자체가 모든 상황에서 행복할 수 있음을 보여주는 완벽한 본보기이다.

1과. 자신을 부인하라

그리스도인은 큰 희생을 감수해야 한다. 이렇게 생각하는 그리스도인이 있다면 그는 참 그리스도인이 아니다. 예수님도 이 점을 분명히 밝히셨다.

"아무든지 나를 따라 오려거든 자기를 부인하고 날마다 제 십자가를 지고 나를 좇을 것이니라 누구든지 제 목숨을 구원코자 하면 잃을 것이요 누구든지 나를 위하여 제 목숨을 잃으면 구원하리라" 누가복음 9:23-24.

그리스도는 자신을 부인하는 법을 그리스도인에게 친히 가르치셨다. 그분의 가르침에 의하면, 그리스도인은 하나님의 사랑을 받을 자격이 없다. 죄악으로 인해 하나님의 진노를 받아 마땅하다.

그분의 도우심 없이는 아무 것도 할 수 없다. 자신이 즐기던 것을 빼앗길 때, 그들은 하나님을 위해 한 일이 거의 없기 때문에 그분께 무엇을 요구할 자격 또한 없음을 깨닫는다.

그들은 너무나 악하므로 하나님께 받은 좋은 것들을 망치기 쉽다. 하나님이 그것들을 잘 사용하도록 주실 수도 있지만, 그냥 내버려 두면 그들은 잘못 사용하기 마련이다. 설령 그들이 죽더라도 그들의 일은 중단되지 않는다. 하나님이 누군가를 지명하여 그 일을 맡기실 수 있다.

자신을 부인한다는 것은 이 사실을 이해하는 것을 뜻한다. 우리는 자신이 얼마나 하찮은지 깨달아야 한다. 그럴 때 모든 곤경이 작아지고 모든 축복은 커 보일 것이다.

2과. 그리스도의 자기 부인을 본받으라

그리스도처럼 자신을 부인한 사람은 아무도 없다. 이사야는 그리스도가 자기 백성의 죄를 위해 어떻게 희생의 죽음을 당하실지 예언했다.

"그가 곤욕을 당하여 괴로울 때에도 그 입을 열지 아니하였음이여 마치 도수장으로 끌려가는 어린 양과 털 깎는 자 앞에 잠잠한 양같이 그 입을 열지 아니하였도다" 이사야 53:7.

바울은 이렇게 설명했다.

"오히려 자기를 비어 종의 형체를 가져 사람들과 같이 되었고 사람의 모양으로 나타나셨으매 자기를 낮추시고 죽기까지 복종하셨으니 곧 십자가에 죽으심이라" 빌립보서 2:7-8.

그분은 기꺼이 그렇게 하셨다. 그리스도인은 자신을 부인하신 그리스도의 본보기에 더 가까워질수록 더 행복해질 것이다.

그리스도는 아버지의 뜻을 기쁘게 행하셨다. 이기적인 사람은 하나님이 자신이 원하는 것을 해주실 때만 행복하지만, 자기를 부인하는 사람은 하나님이 하시는 모든 일에 대해 행복해 한다.

3과. 하나님 없이는 만족할 수 없음을 알라

"모든 것이 헛되도다 사람이 해 아래서 수고하는 모든 수고가 자기에게 무엇이 유익한고"라고 전도자가 말한다 전도서 1:2-3.

이 세상 것들로 불행을 느끼는 자들은 충분히 갖지 못해서가 아니라 이 세상 것들이 행복을 가져다줄 수 없기 때문에 불행하다. 사람은 하나님을 알며 즐거워하도록 지음 받았다. 위대한 신학자 아우구스티누스 Aurelius Augustinus 는, "주님은 주님을 위해 우리를 만드셨습니다. 우리의 심령은 주님 안에서 안식하기 전까지는 불안합니다."라고 고백했다.

더 많이 가지면 만족할 수 있을 거라고 생각하는 불행한 사람은 마치 공기를 실컷 들이키면 굶주림의 고통이 멎을 거라고 생각하는 허기진 사람과 같다.

"너희가 어찌하여 양식 아닌 것을 위하여 은을 달아 주며 배부르게 못할 것을 위하여 수고하느냐"이사야 55:2.

하나님 없이는 지닐 만한 가치 있는 것이 전혀 없다.

4과. 예수 그리스도를 청종하라

예수 그리스도는 자신이 사람들을 진정으로 행복하게 하심을 가르치셨다.

"나는 하늘로서 내려온 산 떡이니 사람이 이 떡을 먹으면 영생하리라"요한복음 6:51.

또한 이렇게 말씀하셨다.

"누구든지 목마르거든 내게로 와서 마시라 나를 믿는 자는 성경에 이름과 같이 그 배에서 생수의 강이 흘러나리라"요한복음 7:37-38.

물은 우리 몸에 가장 기본적으로 필요한 것이다. 예수님은 우리 영혼에 가장 기본적으로 필요한 것들을 채워 주신다고 말씀하신 것이다.

이는 이사야가 예언한 내용이기도 하다. "나를 청종하라 그리하면 너희가 좋은 것을 먹을 것이며 너희 마음이 기름진 것으로 즐거움을 얻으리라"이사야 55:2. 예수님은 "생명을 얻게 하고 더 풍성히 얻게" 하심을, 그리고 충만한 기쁨을 주실 것을 약속하셨다 요한복음 10:10, 16:24.

5과. 나그네와 군사가 되라

그리스도인은 나그네들이다. 그리스도인은 육체의 장막에 거하면서 이 세상을 지나가고 있다. 그들은 완전한 부활의 몸을 얻어 살아갈 하늘에서의 영원한 삶을 준비하고 있다. 따라서 현재의 몸 상태에 대해 불행해 하는 것은 어리석다.

히브리서 11장은 믿음의 선조들에 대해 이렇게 전한다.

"이 사람들은······땅에서는 외국인과 나그네로라 증거하였으니……저희가 이제는 더 나은 본향을 사모하니 곧 하늘에 있는 것이라 그러므로 하나님이 저희 하나님이라 일컬음 받으심을 부끄러워 아니하시고 저희를 위하여 한 성을 예비하셨느니라"히브리서 11:13, 16.

그리스도인은 이와 같이 생각하는 법을 배워야 한다. 집을 떠나 있는 나그네는 형편 없는 음식이나 힘든 여건과 같은 불편들을 감수한다. 그리스도인에게는 이미 영원한 집이 약속되어 있으며, 이 땅에 머무는 동안의 불편 때문에 근심할 필요가 없다.

또한 그리스도인은 군사이다. 바울은 디모데에게 이렇게 권면했다.

"그리스도 예수의 좋은 군사로 나와 함께 고난을 받을지니"디모데후서 2:3.

집을 떠난 군인은 가정의 안락함을 기대하지 않는다. 그리스도인은 군사이다. 영혼의 대적인 마귀와 싸운다. 그들은 힘든 일을 기꺼이 견뎌야 한다.

그리스도인의 삶이 긴 전투이며 힘든 일에 직면하기 마련임을 기억해야 한다. 그러나 군사는 전쟁에서 누가 이길지 알 수 없지만, 그리스도인은 예수 그리스도가 승리를 보장하심을 확신할 수 있다.

6과. 좋은 때를 즐기라

하나님의 세상은 모든 사람이 누리기 위해 마련되어 있다. 사람은 자신의 모든 것이 하나님께로부터 온 것임을 알고 그분께 감사할 때 진정으로 행복할 수 있다.

그리스도인은 하나님이 지으신 것들을 보며, 그분의 선하심을 안다. 그분이 지으신 것들이 그들을 행복하게 한다. 하지단 그들은 자신의 소유가 가장 중요한 것이 아님을, 하나님이 원하시면 그것들 없이도 살아가야 함을 깨달아야 한다.

하나님은 힘든 시기에 당신을 섬기도록 그들을 부르실 수도 있다. 혹은 좋은 시기에 그들을 부르실 수도 있는데, 이 경우에는 그 좋은 것들을 누리게 하신다. 그분은 그리스도인에게 가장 좋은 것을 선택하실 것이며, 그들은 그것으로 행복해지는 법을 배워야 한다.

다른 부서로 옮기라는 경영자의 말을 거부하는 직원은 경영자를 기쁘게 하지 못한다.

7과. 자신을 알라

모든 그리스도인은 자신을 연구해야 하며, 자신의 가장 깊은 욕구가 무엇인지 찾아내야 한다. 이를 통해 그리스도인은 자신을 불행하게 하는 것이 삶의 상황이 아니라 자신의 마음 상태임을 알게 된다.

불행의 진짜 원인은 죄이다. 자신의 욕구를 잘 아는 그리스도인은 죄의 싹을 잘라 내어 큰 불행으로부터 자신을 구해낼 수 있다.

자신을 잘 알지 못하는 그리스도인은 문제가 발생했을 때 매우 두려워할 가능성이 많다. 그들은 "하나님이 나를 잊으 버리셨나 봐!" 하고 말한다.

그러나 자신이 겸손해져야 한다는 것을 안다면, 하나님이 그들을 시험하거나 연단하기 위해 곤경을 보내심을 이해할 것이다. 입에 쓴 약이 우리의 생명을 구할 수 있으며, 불쾌함을 수반하는 어떤 경험이 우리를 죄로부터 지켜줄 수도 있다.

자신에 관한 지식이 늘어가면 기도도 발전한다. 자신의 마음을 이해하지 못하는 미성숙한 그리스도인은 도움이 되지 않는 것들을 간구하며, 자신이 원하는 모든 것을 얻지 못했다는 이유로 낙심에 빠진다.

8과. 부요함을 주의하라

종종 그리스도인은 부유한 자들을 부러워하며, 부요함으로 말미암는 문제들을 보지 못한다.

"돈을 사랑함이 일만 악의 뿌리가 되나니 이것을 사모하는 자들이 미혹을 받아 믿음에서 떠나 많은 근심으로써 자기를 찔렀도다"디모데전서 6:10.

새 구두가 근사해 보일 수는 있지만, 그것을 신은 사람은 꽉 죄는 불편함을 느끼고 있다. 어떤 도시가 겉으로는 아름다워 보일 수 있지만, 그 도시에 사는 사람들은 빈민가를 알고 있다. 사람이 외적으로 부유하고 형통해 보이나 속은 슬픔으로 가득할 수 있다.

부유하거나 유명한 사람들은 종종 슬픔과 문제에 직면한다. 번영이 곤경을 유발할 수 있다. 번영이 유혹을 가져다줄 수 있다. 예수님이 말씀하시길 부자는 천국에 들어가기가 매우 힘들다고 하셨다. 더욱이 부자와 유명한 자들은 자신의 부나 명성을 어떻게 사용했는지 언젠가는 하나님 앞에 낱낱이 셈해야 한다.

9과. 자신이 무엇을 원하는지 주의하라

몇몇 성경 구절은 사람들이 무엇을 원하는지에 대해 언급한다. 종종 사람들은 이기적인 소원을 품으나, 그 소원을 이루는 것이 그들에게 아무런 유익도 되지 않는다. 이 경우에는 하나님이 그들의 소원을 들어주시는 것이 그들에게 심각한 징벌이 된다.

"내 백성이 내 소리를 듣지 아니하며 이스라엘이 나를 원치 아니하였도다 그러므로 내가 그 마음의 강퍅한 대로 버려두어 그 임의대로 행케 하였도다" 시편 81:11-12.

클레르보 대수도원장이었던 베르나르두스Bernard de Clairvaux

는 이렇게 고백했다.

"그처럼 비참한 것을 제게 주지 마소서. 제가 원하는 것을 제게 주시는 것은, 제 마음이 바라는 것을 제게 주시는 것은, 세상에서 가장 끔찍한 징벌 중 하나입니다."

우리의 자연적인 욕구가 우리를 타락시킬 수 있음을 배우는 것은 그리스도의 학교에서 제시하는 가장 힘들지만 가장 중요한 교훈 중 하나이다.

10과. 하나님이 온 우주를 컨트롤하심을 기억하라

하나님은 온 우주를 다스리신다. 이는 우주에서 일어나는 가장 작은 일마저 그분의 통제 아래에 있음을 뜻한다. 따라서 그리스도인에게 일어나는 모든 일은, 그것이 그들을 위한 하나님의 뜻이기 때문에, 그리고 그것이 그들에게 유익함을 아시기 때문에 일어난다.

예수님도 제자들을 격려하시면서 이 점을 상기시키셨다.

"참새 다섯이 앗사리온 둘에 팔리는 것이 아니냐 그러나 하나님 앞에는 그 하나라도 잊어버리시는 바 되지 아니하는 도다 너희에게는 오히려 머리털까지도 다 세신 바 되었나니 두려워하지 말라 너희는 많은 참새보다 귀하니라" 누가복음 12:6-7.

그리스도인은 자신에게 일어나는 모든 일을 계획하시는 하나님의 보살핌을 자각할 수 있도록 믿음을 더해 달라고 기도해야 한다.

우리는 하나님이 하시는 일을 모두 이해할 수는 없다. 우리의 삶 속에서 20년에 걸쳐 실현될 하나님의 어떤 계획이 이번 주에 일어나는 어떤 일에 달려 있을 수 있다. 그 일을 위한 하나님의 계획을 거부한다면, 우리는 그 일과 연관된 다른 모든 일을 위한 그분의 계획까지 거부하는 셈이다.

하나님은 여러 가지 방법으로 일하신다. 하나님의 일하시는 방법을 조금이나마 이해할 때 그리스도인은 그분의 손길을 행복해 할 수 있다.

하나님의 일하시는 방법과 관련하여 우리는 다음 두 가지 사실을 배울 수 있다.

첫째, 하나님의 백성이 고난 당하는 것은 정상적이다. 하나님이 정말 계시다면, 그리고 그리스도인이 정말 그분께 속해 있다면 고난 당하지 않아야 한다고 비그리스도인은 생각한다.

하지만 사실은 그 반대이다. 그리스도인이 고난 당한다는 사실은 우리가 그리스도께 속했음을 입증한다.

"사랑하는 자들아 너희를 시련하려고 오는 불 시험을 이상한 일 당하는 것같이 이상히 여기지 말고 오직 너희가 그리스도의 고난에 참여하는 것으로 즐거워하라 이는 그의 영광을 나타내실 때에 너희로 즐거워하고 기뻐하게 하려 함이라" 베드로전서 4:12-13.

둘째, 하나님은 큰 악으로부터 큰 선을 가져다주실 수 있다. 종종 하나님은 당신의 백성에게 특별한 은총을 베풀기 전에 큰 시련을 통과하게 하신다.

요셉은 애굽 총리가 되기 전에 죄수였다. 다윗은 이스라엘 왕이 되기 전에 도피 생활을 했다. 예수 그리스도는 죽음으로부터 다시 살아나 영화롭게 되시기 전 고난과 죽음을 당하셨다. 마르틴 루터Martin Luther는 이렇게 말했다.

"그것이 하나님의 방법이다. 그분은 일으키기 위해 낮추신다. 살리기 위해 죽이신다. 그분은 영화롭게 하기 위해 지게 하신다."

The Rare Jewel of
Christian
Contentment

행복 수업

1과. 자신을 부인하라.

2과. 그리스도의 자기 부인을 본받으라.

3과. 하나님 없이는 만족할 수 없음을 알라.

4과. 예수 그리스도를 청종하라.

5과. 나그네와 군사가 되라.

6과. 좋은 때를 즐기라.

7과. 자신을 알라.

8과. 부요함을 주의하라.

9과. 자신이 무엇을 원하는지 주의하라.

10과. 하나님이 온 우주를 컨트롤하심을 기억하라.

"나를 청종하라 그리하면 너희가 좋은 것을 먹을 것이며 너희 마음이 기름진 것으로 즐거움을 얻으리라 너희는 귀를 기울이고 내게 나아와 들으라 그리하면 너희 영혼이 살리라" 이사야 55:2-3

CHAPTER 5
행복한 그리스도인

행복은 좋은 것이다. 본장에서는 행복한 그리스도인이 왜 복된 그리스도인인지 살펴볼 것이다.

하나님을 영화롭게 하는 그리스도인

첫째, 행복한 그리스도인은 하나님을 올바로 예배한다. 참된 예배는 단순히 예배에 참석하고 기도하는 것만이 아니다. 반대로 예배에 참석하면서도 실제로는 하나님을 전혀 경배하지 않는 불만스러운 마음을 지닌 사람이 있을 수 있다.

하나님은 그리스도인이 자신의 모든 소유와 모든 존재로 예배하길 원하신다. 그 때에만 그리스도인은 진정으로 그분을 기쁘시게 하고 진정으로 그분을 예배할 수 있다.

하나님이 원하시는 것을 하는 것, 그것이 바로 예배이다. 하나님이 주시는 것으로 기뻐하는 것, 그것 또한 예배이다. 예배와 행복은 불가분 관계이다.

둘째, 행복한 그리스도인은 하나님께로부터 받은 영적 은사들을 최대한 활용한다. 그 은사는 믿음, 겸손, 사랑, 인내, 지혜, 소망 등이다.

하나님은 이런 것들이 당신의 백성에게서 개발되길 원하신다. 행복한 그리스도인의 삶이 종종 비그리스도인에게 유익한 영향을 미치기 때문이다. 예를 들어, 불평 없이 고난 당하는 그리스도인은 하나님께 영광 돌리는 증언을 하고 있는 셈이다.

셋째, 행복한 그리스도인은 하나님을 영화롭게 한다. 자연이 하나님을 영화롭게 하는 이유는, 그분이 그것을 만드셨기 때문이다. 시련에도 불구하고 여전히 행복한 그리스도인이 하나님을 영화롭게 하는 이유는, 그분이 행복하게 하셨기 때문이다.

곤경 속에서도 행복한 그리스도인을 비그리스도인이 볼 때, 그들은 하나님의 역사하심을 확신할 것이다.

하나님을 섬길 준비가 된 그리스도인

넷째, 행복한 그리스도인은 하나님의 은혜를 받는 사람이다. 하나님의 은총을 받기 원한다면, 그리스도인은 행복해져야 한다.

원하는 것을 얻을 때까지 소리 지르며 떼를 쓰는 아이처럼 행동하라는 것이 아니다. 현명한 부모는 아이가 조용해질 때까지 소리 지르도록 내버려 두며 아무 것도 주지 않는다.

무언가를 간구하고 그것을 곧바로 얻지 못했다고 해서 화를 내는 그리스도인은, 그들이 필요한 것을 얻기 전에 조용히 순종할 때까지 하나님이 기다리신다는 사실을 알아야 한다.

족쇄에 묶인 죄수가 화를 내며 날뛰면 상처를 입을 뿐이다. 그는 누군가가 자신을 풀어 줄 때까지 잠잠해야 한다.

다섯째, 행복한 그리스도인은 가장 쓸모 있다. 불안정하며 불안한 사람은 하나님을 섬기기에 적절하지 않다. 하나님이 성령으로 그들을 잠잠하게 하실 때 비로소 그들은 그분을 위해 일할 준비를 갖추게 된다.

리더나 특별한 훈련을 받은 자들만이 아니라 모든 그리스도인이 하나님을 위해 일하도록 부르심을 받았다. 자신이 평범한 사람이어서 하나님께 아무 쓸모도 없다거나 혹은 하나님을 섬기는 일은 공개적으로만 행해진다고 생각해서는 안 된다. 하나님을 섬기기 위해 필요한 유일한 것은 내면의 영적 만족이다.

현재의 삶에 자족하는 그리스도인

여섯째, 행복한 그리스도인은 유혹에 잘 대항할 수 있다. 불평하는 사람은 쉽게 타락한다.

마귀는 그리스도인을 근심에 빠트리기를 좋아한다. 그리스도인이 시련에 직면했을 때, 마귀는 그것이 부당하다며 그리스도인을 설득하려고 최선을 다한다. 그러면 그들은 자신에게 닥치지 말았어야 할 일이 닥쳤다고 생각하게 된다.

뜨한 마귀는 가난한 그리스도인을 부추겨 도둑질하게 하거나 부당한 대우를 받은 그리스도인을 충동질하여 보복하도록 유혹할 수 있다.

하나님께로부터 비롯된 일을 행복하게 여기는 그리스도인은 그런 유혹을 물리칠 수 있다.

일곱째, 행복한 그리스도인은 현재의 삶을 온전히 즐긴다. 때로는 가진 것이 별로 없는 사람이 많이 가진 사람보다 더 행복하다. 그가 자신이 가진 것으로 만족하는 법을 배웠기 때문이다.

이는 영토를 넓히려고 계속 전쟁을 벌이는 나라보다 현재의 영토에 만족하는 나라가 더 행복한 것과 같다.

하나님의 상급을 고대하는 그리스도인

여덟째, 행복한 그리스도인은 하나님이 약속하시는 상급을 고대한다.

하나님은 모든 사람을 그 행실대로 보응하신다. 하나님은 그리스도인의 선한 행실에 보응하되, 열매를 맺지 못한 선한 의도에 대해서도 보응하실 것이다.

그분은 악인들이 마음에 품었으나 실행하지는 않은 악한 계획을 포함하여 그들의 모든 악한 행실에 보응하신다.

따라서 그리스도를 위해 묵묵히 고난을 견디는 그리스도인은 상급을 잃지 않으리라는 것을 확신할 수 있다.

The Rare Jewel of Christian Contentment

행복한 그리스도인

행복한 그리스도인은 하나님을 올바로 예배한다.

행복한 그리스도인은 하나님께로부터 받은
영적 은사들을 최대한 활용한다.

행복한 그리스도인은 하나님을 영화롭게 한다.

행복한 그리스도인은 하나님의 은혜를 받는 사람이다.

행복한 그리스도인은 가장 쓸모 있는 그리스도인이다.

행복한 그리스도인은 유혹에 잘 대항할 수 있다.

행복한 그리스도인은 현재의 삶을 온전히 즐긴다.

행복한 그리스도인은
하나님이 약속하시는 상급을 고대한다.

"지족하는 마음이 있으면 경건이 큰 이익이 되느니라 우리가 세상에 아무 것도 가지고 온 것이 없으매 또한 아무 것도 가지고 가지 못하리니 우리가 먹을 것과 입을 것이 있은즉 족한 줄로 알 것이니라" 디모데전서 6:6-8

불평은 하나님께 대한 반역을 수반하는 죄악이다.
그것은 그리스도인을 위해 하나님이 정하신 기준에서 벗어나는 것이며
하나님이 그리스도인을 회심시킬 때 일어나는 모든 일과 상충된다.
모든 일에서 최악의 측면만을 보는 것은
문제를 더욱 악화시키고 결국 하나님의 진노만을 살 뿐이다.

The Rare Jewel of
Christian Contentment

PART 3

그리스도인은
왜 불평하면 안 되는가?

CHAPTER 6
불평은 해롭다

앞의 다섯 장에서 우리는 그리스도인의 행복에 대해 살펴보았다. 그래서 우리는 행복이 무엇이며 왜 그것이 그렇게 중요한지 배웠다.

지금부터는 행복한 그리스도인의 삶을 사는 법을 배울 것이다. 행복의 반대는 모든 일에서 최악의 측면을 보며 불평하는 마음이다.

본장에서 우리는 불평이 왜 잘못이며 악하고 무익한지 살펴볼 것이다.

7장에서는 불평이 특히 심각하게 여겨지는 상황들을 고찰할 것이며, 8장에서는 불평과 관련된 흔한 핑계들을 몇 가지 살펴볼 것이다.

그 후에 행복을 얻는 법과 행복을 유지하는 법을 고찰할 것이다.

더욱 악화한다

첫째, 불평은 나쁘다. 일단 불평하기 시작하면 더 악화되기 때문이다.

불평하는 심령은 마치 썩은 상처와 같다. 감염된 피부는 치료될 수 없다. 그것을 잘라 내야 한다. 그렇게 하지 않으면 균이 몸 전체로 퍼진다. 불평하는 습성을 제거하지 않으면, 그것은 삶 전체로 퍼져 모든 것을 파괴한다.

죄악이다

둘째, 왜 불평이 그처럼 심각한 문제일까? 이는 불평이 죄악이기 때문이다.

유다서 14-16절에서, 불평자들은 하나님의 심판을 받을 불경건한 사람들의 목록의 맨 처음에 위치한다. 불평은 죄악이다. 하나님은 불평하는 자들을 심판하신다.

하나님께 대한 반역을 수반한다

셋째, 그렇다면 불평이 왜 죄악일까? 불평은 하나님께 대한 반역을 수반한다.

광야에서 이스라엘 백성은 거듭 불평했다. 하나님이 그들을 애굽의 노예 생활에서 구출하셨지만, 그들은 그다지 오래도록 행복해 하거나 감사하지 않았다. 그들이 불평할 때마다 하나님은 그것을 당신을 향한 불평으로 여기셨다 민수기

14:26-29. 민수기 16장에서 이스라엘 백성이 모세와 아론에 대해 불평했지만, 하나님은 그것을 당신에 대한 불평으로 간주하셨고 끔찍한 벌을 내리셨다.

불평은 심각하며, 다른 이들에게로 확산되기 전에 처리되어야 한다.

회심과 상충된다

넷째, 하나님의 백성의 불평은 특별히 심각하다. 그것은 하나님이 그리스도인을 회심시키실 때 일어나는 모든 일과 상충되기 때문이다.

하나님은 그리스도인으로 하여금 자신의 죄악을 보고 시인하게 하셨다. 그런데 그들이 중요하지 않은 것들로 인해 불행에 빠져서야 되겠는가?

하나님은 그리스도인에게 그리스도의 놀라운 사랑을 보여

주셨다. 아버지와 하늘 영광을 기꺼이 떠나, 유한한 사람의 몸을 입으시며, 겸손한 복종과 완벽한 삶과 죄 없이 죽음까지 당하신 사랑이다. 어떻게 이 모든 사실을 잊고 하나님께 불평할 수 있을까?

하나님은 그리스도인이 물질적인 것들을 통해 행복해지려는 욕구로부터 자유롭게 하셨다. 그런데 물질 때문에 불평하겠는가?

그리스도는 그리스도인의 주인이자 왕이시다. 그런데 그분에 대해 불평함으로써 그분의 리더십을 거부하겠는가?

하나님은 그리스도인을 하나님의 뜻에 복종시키셨다. 당신이 아직도 불평하고 있다면, 그것은 진정으로 복종하지 않았음을 뜻하며, 어쩌면 당신은 그리스도인이 아닐지도 모른다.

그리스도인이 자신을 위해 하나님이 행하신 일과 그분의

사랑과 용서와 새 생명의 은사를 기억한다면, 그리고 하나님이 그들을 변화시켜 죽는 날까지 빛 가운데서 살게 하셨음을 기억한다면 불평하지 못할 것이며, 자신의 주인이요 왕이요 구주이신 예수 그리스도께 복종하기 원할 것이다.

하나님의 기준에서 벗어난다

다섯째, 불평은 그리스도인을 위해 하나님이 정하신 기준에서 벗어난 것이다.

하나님은 그리스도인의 아버지이시다. 불평하면 이는 그분의 사랑을 불신함을 뜻한다. 성령이 그리스도인의 보혜사이시다. 그리스도인이 불평하면 이는 그분의 도우심이나 도우시는 능력을 진정으로 믿지 않음을 뜻한다.

하나님이 그리스도인을 위해 정하신 기준들을 더 상세히 살펴보자. 그분이 그들을 큰 영예의 자리로 올리셨고, 하늘과 땅의 주인으로 삼으셨으며, 그들을 천사들보다 더 가까워지게 하셨고, 그리스도와 연합시키셨다. 그리스도인은 큰 특권의 자리에 있다.

그러나 하나님이 그들을 그 자리로 부르신 데에는 목적이 있다. 그들의 삶을 통해 당신의 권능을 드러내는 것이 그 목적이다. 하나님은 그토록 영예롭게 지음 받은 이들이 불평하지 않길 바라신다.

하나님은 그리스도인의 구주이실 뿐만 아니라 아버지이기도 하시다. 아버지는 자신의 장점이 자녀에게서 보이는 것을 좋아한다. 하나님은 당신의 자녀 속에서 당신의 영이 활동하는 것을 보고 싶어하신다.

특별히 하나님은 그리스도인이 당신의 아들 예수 그리스도를 닮길 원하신다. 그리스도는 큰 고난을 당하셨으나 한 번도 불평하지 않으셨고, "나의 원대로 마옵시고 아버지의 원대로 하옵소서."라고 기도하셨다. 하나님은 당신의 자녀가 불평하지 않길 바라신다.

그리스도인이 이 세상 것들보다 하나님을 더 소중히 여긴다면, 그것을 삶으로 입증해야 한다. 일관된 행동을 보이지 않을 바에야 차라리 그리스도인임을 자처하지 않는 것이 더 낫다. 하나님은 그리스도인임을 자처하는 자들이 그리스도인의 기준에 부합하길 기대하신다.

하나님은 그리스도인에게 믿음을 주셔서 약속하신 모든 것을 받을 줄로 확신하게 하신다. 성경은 그들이 '믿음으로' 살아야 한다고 가르친다.

이는 그리스도인이 모든 곤경으로부터 벗어나 있음을 뜻하지 않는다. 만일 그렇다면 믿음이 필요하지 않을 것이다. 그 말씀은 그들이 하나님의 뜻을 흔쾌히 받아들일 수 있음을 뜻한다. 왜냐하면 그들은 하나님이 모든 좋은 것을 그들에게 약속하셨음을 알기 때문이다. 또한 하나님은 당신의 약속을 믿도록 가르침 받은 자들이 불평하지 않기를 기대하신다.

요컨대 하나님은 그리스도인이 시련의 때에 인내하며 곤경의 때에 기뻐하길 기대하신다. 그분의 은혜로 이미 많은 이들이 이 높은 수준에 도달했다. 그들에 관한 이야기가 히브리서 11장에 나온다. 평범한 사람들이 힘든 상황에서 하나님을 의지하여 큰 힘을 얻었다. 하나님이 기대하신다. 많은 사람이 그렇게 했다. 우리도 할 수 있다!

기도를 의미 없게 한다

여섯째, 불평은 우리의 기도를 무의미하게 만든다.

우리는 "주의 뜻이 이루어지게 하소서."라고 기도하고 자신의 뜻이 이루어지길 기대할 수도 있다. "일용할 양식을 주소서."라고 기도하고 내일의 사치품이 생기길 기대할 수도 있다. 이것은 옳지 못하다.

기도는 우리가 지닌 모든 것이 하나님께로부터 온다는 것을 인정하는 것이다. 하나님이 주시는 것에 대해 불평한다면, 차라리 기도를 중단하는 편이 더 낫다.

불행을 불러온다

일곱째, 불평은 불행을 야기할 뿐이다.

불평은 시간 낭비이다. 우리의 마음이 불평으로 가득하면 하나님과 그분의 말씀에 대한 생각이 들어올 수 없다. 불평은 우리를 하나님의 일에 무익한 존재로 만든다. 행복한 사람은 어려움에 처한 자들을 위로할 수 있지만, 불평하는 사람은 아무 도움도 주지 못한다.

불평은 하나님께로부터 달아나는 첫 걸음이며, 요나가 그랬던 것처럼 하나님의 뜻에 복종하기보다는 거역하게 만든다.

무엇보다도 불평은 우리를 감사할 줄 모르게 만든다. 성경은 은혜를 모르는 것을 죄로 간주한다. 불평하는 그리스도인은 자신이 받은 많은 은사를 감사하지 않는다. 그들은 하나님을 더 영화롭게 하기 위해 더 큰 은사들을 원한다고 주장하지만, 이미 지닌 것에 대해서도 감사할 줄 모른다. 그리스도인이 하나님께로부터 받은 영적인 은사나 물질적인 축복에 대해 감사하지 않는 경우도 있다.

그러나 하나님은 그리스도인이 감사하길, 그리고 하나님이 주신 모든 것을 인하여 당신을 찬양하길 기대하신다.

마르틴 루터Martin Luther는 이렇게 말했다.

"하나님의 성령은 악한 것을 생각하지 않게 하시고 선한 것을 많이 생각하게 하신다. 십자가를 작게 여기게 하시고 은총을 크게 여기게 하신다."

시련이 닥칠 때도 그리스도인은 그것이 생각만큼 혹독하

지 않음을 하나님께 감사해야 한다. 성령은 축복을 크게 보고 문제는 작게 보는 법을 가르쳐 주신다. 마귀는 정반대이다. 광야의 이스라엘 백성을 보라. 그들은 모세에게 이렇게 말했다.

"네가 우리를 젖과 꿀이 흐르는 땅에서 이끌어 내어 광야에서 죽이려 함이 어찌 작은 일이기에 오히려 스스로 우리 위에 왕이 되려 하느냐"민수기 16:13.

불평하는 마음이 심해져서 진실까지 왜곡하게 되었다. 노예 생활, 강제 노역, 학대, 자녀 살해의 땅 애굽은 "젖과 꿀이 흐르는" 곳이 아니었다. 모세의 리더십이 의문시되고, 그의 동기가 곡해되었다.

그리스도인도 이렇게 행동할 수 있다. 문제에 직면했을 때, 그리스도인은 이전에 더 행복했다고 생각할 수 있다. 이 생각은 그들을 한층 더 불행하게 할 뿐이다.

더욱 불행하게 한다

여덟째, 불평은 죄악일 뿐만 아니라 어리석기도 하다. 불평은 우리를 더 불행하게 할 뿐이다.

우리가 지니지 않은 것에 대해 불평한들 무슨 소용이 있겠는가? 우리가 지닌 것들을 즐기는 것이 더 낫지 않겠는가? 케이크가 먹고 싶다는 이유로 자신의 빵을 집어 던지는 아이가 허기를 채울 수 있겠는가?

불평은 무익하다. 주 예수님은 "너희 중에 누가 염려함으로 그 키를 한 자나 더할 수 있느냐"라고 물으신다 마태복음 6:27. 물론 아무도 그렇게 하지 못한다. 아무리 염려한다고 해도 불평을 통해 유익을 얻을 수는 없다.

축복을 받아들이기에 적합한 마음 상태를 갖기까지 하나님은 그 축복을 보류하실 수 있다. 하나님이 축복을 베푸셔도, 그리스도인이 비통한 마음 때문에 그분의 선하심을 자각하지 못할 수도 있다.

중요한 사실은 불평이란 문제를 더 악화시키므로 어리석다는 것이다. 불평하는 그리스도인은 교만한 그리스도인이며, 자신을 위한 하나님의 뜻에 복종하기를 거부한다. 그들은 폭풍에 대비하는 대신 불평하는 선원들과 같다.

불평에 관한 다음의 두 가지 사항은 매우 심각하다. 불평은 하나님의 진노를 부른다. 이스라엘 백성이 불평할 때 하나님은 진노하셨다. 그리스도인이 불평할 때에도 하나님은 진노하신다.

이스라엘 백성은 불평하다가 징벌을 당했다. 그리스도인도 하나님의 징벌을 자초함으로써 자신의 문제를 악화시키지 않도록 주의해야 한다.

불안해 하고 불평하는 마음은 마귀의 마음이다. 마귀는 첫 반역자요, 첫 불평자요, 하나님의 저주를 처음 받은 자이다.

모든 반역은 저주를 당하며, 그리스도인은 불평에 관한 성경의 언급들을 진지하게 받아들여야 한다.

하나님의 보호로부터 소외시킨다

아홉째, 하나님은 당신의 보호와 보살핌을 불평하는 자들에게서 거두신다.

불만이 많은 종업원은 해고될 가능성이 많다. 하나님의 백성이 그분께 불만을 품으면 그분은 그들을 다른 주인에게로 내보낸다. 이는 하나님이 그들을 연단하여 당신을 신뢰하도록 만드시기 위해서이거나, 혹은 그들이 참된 그리스도인이 아니기 때문일 수 있다.

불평은 해롭다. 그것은 내리막길로 치닫는 첫 걸음이다. 광야에서 불평했던 이스라엘 백성은 약속의 땅을 결코 보지 못했다.

The Rare Jewel of
Christian Contentment

불평은 해롭다

불평은 상황을 더 악화시킨다.

불평은 죄악이다.

불평은 하나님께 대한 반역을 수반한다.

불평은 하나님이 그리스도인을 회심시키실 때
일어나는 모든 일과 상충된다.

불평은 그리스도인들을 위해
하나님이 정하신 기준에서 벗어난다.

불평은 우리의 기도를 무의미하게 만든다.

불평은 불행을 야기할 뿐이다.

불평은 우리를 더 불행하게 할 뿐이므로
어리석고 무익한 것이다.

불평은 하나님이 보호의 손을 거두시게 한다.

"너희 중에 누가 염려함으로 그 키를 한 자나 더할 수 있느냐" 마태복음 6:27

CHAPTER 7
불평을 멈추어야 할 때

불평은 언제나 그릇되고 어리석은 일이다. 그런데 불평하는 것이 특히 심각한 상황도 있다. 본장에서는 네 가지 심각한 상황을 살펴볼 것이다.

큰 축복 가운데서의 불만

첫째, 큰 축복을 받은 상태에서의 불평은 특히 심각하다. 예를 들어, 교회 생활에 문제가 생길 경우 우리는 불평하고 싶은 유혹을 느낀다. 우리는 자유롭게 예배드리며 복음을 전할 수 있다는 사실을 얼마나 감사해야 하는지 쉽게 잊곤 한다. 어떤 나라에서는 그리스도를 믿는다는 이유만으로 자유와 생명을 잃을 수도 있다.

혹은 하나님이 다른 교회에 은혜를 베푸실 때, 시기하고 불평하려는 유혹을 느끼기 쉽다. 우리는 하나님이 각기 다른 방식으로 그 교회와 우리 교회를 모두 축복하신 사실에 대해 얼마나 감사해야 하는지를 잊는다. 어쩌면 다음 번이 우리 차례일지도 모른다. 하나님이 그 교회를 위해 하신 일을 우리 교회를 위해서도 하실 수 있다.

또는 우리가 개인적인 문제에 직면해 있을 때 하나님이 우리 교회를 축복하시면, 하나님이 우리 교회에 하신 일에 대해 감사해야 한다는 사실을 잊으라는 유혹을 받는다. 그래서 자신의 개인적인 곤경에 대해 불평하려 한다. 하나님이 교회를 축복하실 때 우리는 언제나 기뻐할 수 있어야 한다.

사소한 일에 대한 불만족

둘째, 사소한 일들에 대한 불평은 특히 심각하다. 엄마가 건강하고 행복한 자녀에게 자그마한 몽고반점이 있다고 해서 염려하는 것은 어리석다. 일국의 통치자인 아합 왕이 작은 포도원 하나를 손에 넣지 못해 골내는 것은 잘못이었다. 그리스도인이 사소한 일들을 가지고 불평하는 것은 우둔한 짓이다.

하나님의 은혜를 입은 자의 불평

셋째, 하나님의 특별한 은혜를 받은 자들이 불평하는 것은 특히 심각하다. 여행자가 무료로 환대를 받고서 그 결함을 지적한다면, 그는 무례하고 은혜를 모르는 사람이다. 그리스도인은 이 세상의 나그네들이며, 그들의 모든 소유는 하나님이 거저 주신 것이다. 그리스도인은 불평할 입장이 아니다.

하나님의 계획에 대한 원망

넷째, 우리가 처한 곤경이 우리를 겸손케 하려는 하나님의 계획인 경우에 불평은 특히 심각하다. 성경은 에녹이 하나님과 동행했다고 전한다. 즉 그는 자신의 삶 속에서 하나님이 하시는 일을 보았고 순종했으며, 자신의 삶을 거기에 맞추었다.

어려운 시기에도 그리스도인은 하나님이 원하시는 일에 복종할 준비를 갖추어야 한다. 하나님이 하시는 일이 그들의 겸손과 영적인 유익을 위함임을 받아들일 준비를 갖추어야 하는 것이다.

하나님이 우리를 유익하게 하시는 상황에서 불평하는 것은 잘못이다. 그분이 우리를 유익하게 하시는데도 우리가 줄곧 불평하는 것은 특히 그릇되다.

물론 곤경을 견디는 것이 쉽지는 않다. 하지만 성경은 이르

가를 "후에 그로 말미암아 연달한 자에게는 의의 평강한 열매"를 맺는다고 한다 히브리서 12:11. 겸손케 하시는 하나님의 손길을 더 많이 경험할수록, 그리스도인은 그분의 돌보심에 더욱 감사해야 한다.

이런 상황에서 불평하고 있다면, 지금이 바로 불평을 멈출 때이다. 앞에서 언급한 세 번째와 네 번째 상황에 대해 다시 생각해 보라.

그리스도인은 언제나 하나님의 특별한 은혜를 받는 위치에 있다. 하나님은 언제나 그리스도인을 유익한 길로 인도하신다. 따라서 그리스도인의 불평은 언제나 심각하다. 이는 불평을 중단해야 함을 뜻한다.

바로 지금!

The Rare Jewel of
Christian Contentment

불평을 멈추어야 할 때

큰 축복을 받은 상태에서의 불평은 특히 심각하다.

사소한 일들에 대한 불평은 특히 심각하다.

하나님의 특별한 은혜를 받은 자들이
불평하는 것은 특히 심각하다.

우리의 곤경이 우리를 겸손케 하려는
하나님의 계획일 경우에 불평은 특히 심각하다.

"사랑하는 자들아 너희를 시련하려고 오는 불 시험을 이상한 일 당하는 것같이 이상히 여기지 말고 오직 너희가 그리스도의 고난에 참예하는 것으로 즐거워하라 이는 그의 영광을 나타내실 때에 너희로 즐거워하고 기뻐하게 하려 함이라" 베드로전서 4:12-13

CHAPTER 8
불평에 대한 핑계들

여호와가 아담과 하와의 첫 번째 죄를 추궁하신 이후로, 사람들은 자신의 행위에 대해 변명해 왔다. 불평에 대한 사람들의 변명 몇 가지를 예로 들어 보자.

사실 직시

"불평이 아니라 단지 사실을 말하고 있을 뿐이야."

그리스도인이 자신의 상황을 사실 그대로 직시하는 것은 좋은 일이다. 하지만 불평해서는 안 된다.

반대로 사실을 직시하면 오히려 하나님의 큰 자비를 자각할 수 있다.

하나님의 자비보다는 자신의 문제에 대해 더 많이 생각할 경우, 그리스도인은 왜곡된 시각을 갖게 된다. 하나님을 올바로 섬기지 못하게 하는 것은 사실에 대한 자각이 아니라 자신의 문제에 대한 불평이다.

사실을 직시하기 위해 최선을 다하자. 하지만 이를 통해 우리는 하나님께 감사할 수 있어야 한다. 우리를 위해 그분이 행하신 일들 때문만이 아니라 다른 이들을 위해 행하신 일들 때문에도 감사해야 한다.

다른 이들을 위해 행하신 일들을 보고 시기한다면, 그것은 우리가 하나님의 선하심을 충분히 묵상하지 않고 자신의 문제를 너무 많이 생각하고 있음을 보여준다.

죄 의식

"나는 불평하고 있지 않아. 단지 나의 죄를 의식할 뿐이야."

이렇게 말하기는 쉽다. 하지만 곤경의 원인이 사라지면, 그것과 관련된 죄 의식도 사라지는 경우가 많다. 이는 죄에 대한 참된 자각이 없었음을 보여준다.

죄에 대한 참된 자각을 갖는 그리스도인은 불평으로 자신의 죄책감을 더하길 원치 않는다. 오히려 하나님의 징계에 잠잠히 복종한다.

하나님의 임재 불감증

"하나님이 함께 하심을 느끼지 못하기 때문에 불행해."

고난 당하고 있다고 해서 하나님이 우리를 떠나신 것은 아니다. 아버지가 아들을 징계한다고 해서 관심을 끊는 것은 아닌 것처럼 말이다.

하나님은 당신의 백성과 함께 하시되, 특히 곤경의 시기에 그렇게 하겠다고 약속하셨다.

"네가 물 가운데로 지날 때에 내가 함께 할 것이라 강을 건널 때에 물이 너를 침몰치 못할 것이며"이사야 43:2.

하나님은 거기 계신다. 하지만 불평하는 마음으로 인해 하나님의 임재를 자각하지도 느끼지도 못할 뿐이다. 가까이 계시는 하나님을 느끼길 원한다면, 잠잠히 복종해야 하며 그분이 원하시는 사람이 되어야 한다.

타인의 태도

"내가 견딜 수 없는 것은 고난이 아니라 다른 사람들의 태도야."

다른 사람들의 태도도 하나님의 손에 있다. 악한 사람들마저 그분의 목적을 위해 사용될 수 있다.

그리스도인은 악인들이 하나님의 심판 아래 있음을 기억해야 하며, 그럼에도 불구하고 그들을 위해 기도해야 한다. 다른 사람의 태도가 아무리 모질어도, 그리스도인은 하나님이 당신의 자녀들에게 늘 선을 베푸심을 항상 기억해야 한다.

그분을 찬양해야 한다.

불평에 대한 변명은 있을 수 없다.

"이런 일이 일어나리라고 결코 예상하지 못했어."

그리스도인은 삶에서 문제들에 직면할 것을 예상해야 하며, 곤경의 때를 준비해야 한다. 그리하면 하나님이 특별한 은혜를 베푸실 때, "난 이런 은혜를 예상하지 못했어!"라고 말할 수 있을 것이다.

상황의 무거움

"내 문제는 다른 어떤 사람의 문제보다 더 심각해."

어떻게 이런 장담을 할 수 있겠는가? 어쩌면 불평이 과장을 유발했을 것이다.

하나님이 더 큰 문제를 주신 것은 당신께 더 큰 영광을 돌릴 기회를 주신 것일 수도 있다. 큰 문제를 이겨 나가는 모습을 보고, 사람들은 하나님을 찬양할 것이며, 그들의 작은 문제를 극복하는 데 도움을 얻기도 할 것이다.

"내 문제가 하나님 섬기는 일을 방해해."

때로 그리스도인이 자신의 상황 때문에 하나님을 원대로 섬기지 못한다.

물론 하나님을 섬기고 싶은 마음은 좋은 것이며, 그렇게 할 수 없을 때 근심하는 것은 자연스럽다. 하지만 그렇다고 해서 불평해서는 안 된다.

우리는 그리스도의 몸의 지체들이다. 그리스도의 몸의 지체가 아니면서 중요한 사람이기보다는 하찮은 지체인 것이 더 낫다.

모든 그리스도인은 각자 실현해야 할 영적 소명을 지니고 있다. 하나님은 역사상 유명한 모든 공적보다 가장 겸손한 그리스도인의 가장 작은 행위를 더 기뻐하신다.

그분이 요구하시는 것은 명성이나 성취가 아니라 신실함과 인내이다. 그런 영적 특성을 드러내는 그리스도인은 하늘에서 상급을 얻을 것이다. 이 사실을 인식할 때, 겸손한 그리스도인은 불평할 근거가 없음을 깨닫는다.

"늘 불안정한 나의 상황들을 견딜 수 없어."

상황이 불안정하다면 그것은 범사에 하나님을 신뢰하도록 가르치시기 위한 것이다. 어떤 경우에도 우리의 영적 상태는 확고하며, 우리의 영원한 유익은 보장된다.

그리스도는 우리에게 많은 축복을 베푸신다.

"우리가 다 그의 충만한 데서 받으니 은혜 위에 은혜러라"

요한복음 1:16.

궁핍한 처지

"한때는 부유했지만 지금은 가난해."

이것도 불평에 대한 핑계일 수 없다.

당신은 한때 부자로서 이 궁핍한 때를 준비할 기회를 가졌던 사실에 감사할 수 없는가? 한때 건강하여 이 병약한 때를 준비할 기회를 가졌던 사실에 감사할 수 없는가? 또는 한때 자유로워서 이 핍박의 때를 준비할 기회를 가졌던 사실에 감사할 수 없는가?

지혜로운 선원은 파도가 잔잔한 날에 배를 점검하여 폭풍에 맞설 준비를 한다. 하나님이 그리스도인에게 무엇을 주실 의무가 있는 것은 아니다. 그리스도인은 과거와 현재의 모든 고분한 축복에 감사해야 한다.

전체적으로 만족스러운 여행 중에 몇 가지 어려움을 만난다고 해서 불평하는 것이 옳은가?

어쩌면 위의 변명은 이런 뜻일 것이다. "이것을 얻기 위해 큰 고통을 감수했는데 이것을 잃어야 한다는 것은 공평하지 않아."

하지만 그리스도인은 어떤 어려움에 직면하기 전에 그것에 대한 올바른 태도를 지녀야 한다. 최선을 위해서 어떤 것은 기꺼이 포기할 수도 있어야 한다.

The Rare Jewel of
Christian
Contentment

불평에 대한 핑계들

"불평하는 게 아니라 단지 사실을 말하고 있을 뿐이다."

"불평하는 게 아니라 단지 나의 죄를 의식할 뿐이다."

"하나님이 나와 함께 하심을 느끼지 못하기 때문에 불행하다."

"내가 견딜 수 없는 것은 고난이 아니라
다른 사람들의 태도이다."

"이런 일이 일어나리라고는 결코 예상하지 못했다."

"내 문제는 어떤 사람의 문제보다 더 심각하다."

"내 문제가 하나님 섬기는 일을 방해한다."

"늘 불안정한 나의 상황들을 견딜 수 없다."

"한때는 부유했으나 지금은 가난하다."

"무릇 징계가 당시에는 즐거워 보이지 않고 슬퍼 보이나 후에 그로 말미암아 연달한 자에게는 의의 평강한 열매를 맺나니" 히브리서 12:11

그리스도인의 행복은 그리스도인의 내면에서 시작된다.
내면의 은혜를 지닌 사람이야말로 행복을 얻기 위한 걸음을 내딛을 수 있다.
그러므로 세상 일에 몰두하지 말고 하나님의 말씀을 청종해야 한다.
내세의 영원함을 되새기고 하나님의 은혜의 위대함을 기억함으로
그리스도인은 어떤 상황에서도 자족할 수 있다.

The Rare Jewel of
Christian Contentment

PART 4

진정한 만족은
어떻게 얻을 수 있는가?

CHAPTER 9
행복을 얻는 법

그리스도인의 행복 또는 만족은 불평하는 마음과 정반대다.

그리스도인의 행복은 그리스도인의 내면에서 시작된다. 바다에서 배가 흔들리지 않게 하려고 배의 외부에 버팀목을 대어도 소용이 없다. 배 내부에서 적절히 부력을 조절해야 한다.

마찬가지로 그리스도인의 외부에는 그들을 줄곧 행복하게 해줄 수 있는 것이 전혀 없다. 내부의 은혜가 필요하다. 내면의 은혜를 지닌 그리스도인은 참된 행복을 얻기 위한 걸음을 내딛을 수 있다. 그렇다면 참된 행복은 어떻게 얻을 수 있는가?

세상 일에 몰두하지 말라

첫째, 세상의 일에 너무 몰두하지 않도록 주의해야 한다. 물론 어느 정도 세상의 일에 몰두하지 않으면 살아갈 수가 없다.

그러나 참된 행복을 경험하려는 그리스도인은 이 세상의 일에 가급적 적게 몰두해야 한다.

성경에 계시된 하나님의 말씀에 순종하라

둘째, 성경에 계시된 하나님 말씀에 순종해야 한다. 이것을 힘들어 해서는 안 된다.

성경의 분명한 가르침에 의하면, 하나님은 모든 것을 합력

하여 선을 이루신다 로마서 8:28.

그분은 언제나 그리스도인의 유익을 생각하신다. 그리스도인이 이 사실을 이해할 때 행복한 마음으로 하나님의 뜻에 복종할 수 있다.

믿음으로 자신의 상황을 이해하고 받아들이라

셋째, 히브리서 11장에 언급된 사람들처럼, 믿음으로 살면서 믿음으로 자신의 상황을 이해하고 받아들여야 한다. 단지 하나님의 약속만이 아니라 그분 자신을 향한 믿음도 가져야 한다.

하나님은 우리를 너무나 잘 돌보시므로 우리는 아무 것도 염려할 필요가 없다. 이교도 철학자인 소크라테스Socrates마저, "신이 너희를 그토록 돌보시는데, 너희 스스로 무엇을 염려할 필요가 있겠는가?"라고 말했다.

힘든 시기일수록 그리스도인은 자신의 짐을 하나님 앞에 내려 놓고 자신의 길을 그분께 맡겨야 한다. 하나님을 향한 믿음이 우리에게 평안과 행복을 가져다줄 것이다.

천상의 것을 사모하라

넷째, 영적인 생각으로 "위엣것을" 찾으려고 힘써야 한다. 거기에는 그리스도가 하나님 우편에 앉아 계신다 골로새서 3:1.

그리스도인이 하늘의 것을 거의 생각하지 않고 자신의 욕구를 생각하는 데 많은 시간을 할애한다면, 스스로 불행해질 뿐이다.

하늘의 것들에 몰두하고 하나님과의 교류에 시간을 할애한다면, 땅의 것들로 인한 문제에 직면할 때 낙심하지 않을 것이다.

다섯째, 그리스도인은 세상 것들에서 만족을 기대해서는

안 된다. 이것은 네 번째에서 언급한 것과 밀접하게 연관된 것이다.

바울은 "우리가 먹을 것과 입을 것이 있은즉 족한 줄로 알 것이니라"디모데전서 6:8고 말했다.

큰 일을 기대하는 사람은 종종 낙심한다. 따라서 그리스도인은 자신이 지닌 것으로 만족해야 한다.

다음의 조언을 따라야 한다.

"네가 너를 위하여 대사를 경영하느냐 그것을 경영하지 말라"예레미야 45:5.

위대한 영적인 것들을 기대하면 실망하지 않을 것이다.

세상에 대하여 초연하라

여섯째, 세상에 대해 죽어야 한다. 바울은 "나는 매일 죽노라."라고 했다.

그리스도인은 행복의 참된 원천이 영적인 것들에서만 발견되며, 어떤 면에서 자신이 이 세상 것들에 대해 죽었음을 알아야 한다.

일곱째, 고민거리에 몰두하지 말아야 한다. 아토피에 걸린 아이가 상처 부위를 긁으면 긁을수록 상처를 치료하기가 더 힘들어지는 것처럼 그리스도인도 자신의 문제들을 이처럼 악화시킬 수 있다.

자신의 문제들에 대한 생각이 떠나지 않으며 기도 시간마저 갖지 못한다. 그 문제들이 실제보다 더 크게 보이기 시작하면 더 불안해진다. 불평과 불행에 대해 생각할 겨를이 없을 때까지 하나님의 선하심에 대해 생각하는 것이 훨씬 더 낫다.

야곱의 아내가 출산 중에 죽으면서 아기의 이름을 베노니라고 불렀다. '내 슬픔의 아들'이라는 뜻이다. 그러나 야곱은 이 아이가 슬픔의 원인임을 상기하길 원하지 않았고, '내 오른손의 아들'이라는 뜻인 베냐민이라고 불렀다.

참된 행복을 찾기 위해서는 이런 긍정적인 태도가 필요하다.

하나님의 섭리에 순응하라

여덟째, 하나님의 섭리에 대해 긍정적으로 생각해야 한다. 친구의 행동과 동기를 늘 곡해하는 사람은 불행하다. 마찬가지로 그리스도인이 하나님의 의도를 오해하는 것은 그릇된 일이다.

그리스도인은 하나님이 하시는 일에 대해 긍정적으로 생각해야 한다. 예를 들어, 다음과 같이 판단해야 한다. '하나님은 내가 거기에 너무 빠져들면 위험하다는 것을 아셨고, 그래서 그것을 은혜롭게 제거하셨다.', '하나님은 내가 부유해지면 죄에 빠질 것을 아셨고, 그래서 나를 더 가난하게 하셨다.', '하나님이 특정한 사역을 위해 나를 준비시키고 계시며, 나는 그 때문에 기쁘다.'

사랑은 불의를 기뻐하지 않는다 고린도전서 13:6. 당신이 누군가를 사랑하면 그 사람의 행동을 좋은 방향으로 해석한다. 당신을 향한 하나님의 섭리를 해석할 때 나쁜 해석이 아홉 가지이고 좋은 해석이 하나라면, 좋은 것 하나를 취하고 아홉 가지는 버리라.

다른 사람들의 말에 지나치게 연연하지 말라

아홉째, 다른 사람들의 말에 너무 연연해서는 안 된다. 예를 들어, 그리스도인이 행복하다가도 그들에게 무언가가 부족하다는 말을 들으면 마음이 산란해질 수 있다.

그러나 그런 말을 듣기 전에 그들이 만족했다면, 비기독교적인 생각을 듣고 혼란에 빠질 필요는 없다. 그리스도인의 참된 행복은 다른 사람의 말에 의존하지 않는다.

그리스도인은 어떻게 행복을 얻어야 할까? 이렇게 요약할 수 있다.

그리스도인은 세상이 제공하는 위안에 몰두해서는 안 된다. 세상 것에 몰두하지 않으면, 그들의 재산, 가족, 명성 등이 사라져도 그리 낙심하지 않게 될 것이다.

The Rare Jewel of
Christian
Contentment

행복을 얻는 법

세상 일에 너무 몰두하지 않도록 주의해야 한다.

성경에 계시된 하나님의 말씀에 순종해야 한다.

믿음으로 자신의 상황을 이해하고 받아들여야 한다.

영적인 생각으로 '위엣것을' 찾으려고 힘써야 한다.

세상 것들에서 만족을 기대해서는 안 된다.

세상에 대해 죽어야 한다.

자신의 고민거리에 몰두하지 말아야 한다.

하나님의 섭리에 대해 긍정적으로 생각해야 한다.

다른 사람들의 말에 너무 연연해서는 안 된다.

"그러므로 너희가 그리스도와 함께 다시 살리심을 받았으면 위엣것을 찾으라 거기는 그리스도께서 하나님 우편에 앉아 계시느니라" 골로새서 3:1

CHAPTER 10
행복을 지키는 법

시련의 때가 찾아왔다. 그리스도인은 어떻게 행복을 지켜야 할까? 본장에서는 힘든 시기에도 행복을 유지하도록 도와줄 다섯 가지 방안을 살펴볼 것이다.

하나님께로부터 받은 것의 위대함을 기억하라

첫째, 곤경에 처한 그리스도인은 하나님께로부터 받은 것들이 얼마나 위대한지, 그리고 자신에게 필요하다고 생각했던 세상 것들이 얼마나 하찮은지 기억해야 한다.

그리스도인은 때때로 비그리스도인이 갈망하는 것들에 마음이 쏠린다. 그래서 비그리스도인과는 달리 영적인 특권을 누림에도 불구하고 불만에 사로잡힌다.

하나님은 "그리스도 안에서 하늘에 속한 모든 신령한 복"을 그리스도인에게 주셨다에베소서 1:3. 그러므로 이 땅의 일시적인 것들을 가지지 못했다고 해서 불평하는 것은 그릇되다.

둘째, 곤경에 처한 그리스도인은 과거에 받은 축복들을 기억해야 한다. 예를 들어, 2년 동안 질병으로 고통당하고 있는 50세의 환자는 2년의 기간을 불평하기보다는 건강했던 48년에 대해 하나님께 감사하는 것이 더 낫다.

이생의 삶은 짧고 내세는 영원함을 되새기라

셋째, 곤경에 처한 그리스도인은 이 세상에서의 삶은 짧은 반면 내세는 영원함을 기억해야 한다. 곤경은 곧 지나갈 것이다. 일시적이다. 성경은 이렇게 단언한다.

"우리의 잠시 받는 환난의 경한 것이 지극히 크고 영원한 영광의 중한 것을 우리에게 이루게 함이니 우리의 돌아보는 것은 보이는 것이 아니요 보이지 않는 것이니 보이는 것은 잠깐이요 보이지 않는 것은 영원함이니라" 고린도후서 4:17-18.

더한 고난을 당한 그리스도인들을 상기하라

첫째, 곤경에 처한 그리스도인은 하나님의 사람들이 훨씬 더 심한 고난도 당했음을 기억해야 한다.

야곱은 아브라함과 이삭의 상속자였지만, 여러 해 동안 삼촌을 위해 일해야 했다. 모세는 한때 애굽 왕궁에서 살았었지만 40년 동안 목자로 생활했고, 마침내 애굽으로 돌아갈 때에는 너무 가난하여 가족과 모든 소유를 나귀 한 마리에 다 실을 수 있을 정도였다 출애굽기 4:20.

엘리야는 까마귀의 도움으로 연명하면서 숨어 지냈다. 예레미야는 웅덩이에 내던져졌다. 종교 개혁자 마르틴 루터Martin Luther는 아내와 자녀들에게 아무 것도 남겨 주지 못했다.

그런데 오늘날의 그리스도인은 이런 고난에 대해 자신만은 예외이길 바란다. 이와 관련하여 가장 위대한 본보기는 주 예수 그리스도이시다. 그분은 여우나 새들보다 더 궁핍하여 머리 둘 곳도 없으셨다.

다섯째, 곤경에 처한 그리스도인은 하나님께로부터 받은 것을 묵상하며 그분을 찬양해야 한다.

우리는 그리스도 안에서 거듭남으로 새롭고 영적인 성품을 갖게 되었다. 그러므로 하나님을 진정으로 기쁘시게 하는 찬양을 드릴 수 있다. 또한 그렇게 함으로써 참된 행복을 얻을 수 있다.

참된 만족을 찾는 행복한 여정

행복은 이런 것이다.

당신은 이 행복을 누리고 있는가?

하나님 말씀이 우리에게 행복을 찾는 방법을 알려준다. 과연 우리는 그 말씀을 잘 따르고 있는가?

행복에 대해 말하는 것은 행복을 찾는 것보다 쉽다. 따라서 나이 어린 그리스도인은 그리스도인으로서의 삶을 시작할 때부터 잠잠히 만족하는 심령을 함양하려고 노력해야 한다. 연로한 그리스도인은 자신이 아직도 얼마나 더 많이 배워야 하는지 깨달아야 한다.

착된 그리스도인은 하나님께로부터 받는 참된 행복을 발견하기 전까지는 만족할 수 없기 때문이다.

The Rare Jewel of
Christian
Contentment

행복을 지키는 법

하나님께 받은 것들이 얼마나 위대한지,
그리고 자신에게 결여된 것이
얼마나 하찮은지 기억해야 한다.

과거에 받은 축복들을 기억해야 한다.

이 세상에서의 삶은 짧은 반면
내세는 영원함을 기억해야 한다.

하나님의 사람들이 훨씬 더 심한 고난도 당했음을
기억해야 한다.

하나님께로부터 받은 것으로 인해
그분을 찬양해야 한다.

"우리의 잠시 받는 환난의 경한 것이 지극히 크고 영원한 영광의 중한 것을 우리에게 이루게 함이니 우리의 돌아보는 것은 보이는 것이 아니요 보이지 않는 것이니 보이는 것은 잠간이요 보이지 않는 것은 영원함이니라" 고린도후서 4:17-18

사명선언문

너희가 흠이 없고 순전하여……세상에서 그들 가운데 빛들로
나타내며 생명의 말씀을 밝혀 _ 빌 2:15-16

1. 생명을 담겠습니다
만드는 책에 주님 주신 생명을 담겠습니다.
그 책으로 복음을 선포하겠습니다.

2. 말씀을 밝히겠습니다
생명의 근본은 말씀입니다.
말씀을 밝혀 성도와 교회의 성장을 돕겠습니다.

3. 빛이 되겠습니다
시대와 영혼의 어두움을 밝혀 주님 앞으로 이끄는
빛이 되는 책을 만들겠습니다.

4. 순전히 행하겠습니다
책을 만들고 전하는 일과 경영하는 일에 부끄러움이 없는
정직함으로 행하겠습니다.

5. 끝까지 전파하겠습니다
모든 사람에게, 땅 끝까지, 주님 오시는 그날까지
복음을 전하는 사명을 다하겠습니다.

서점 안내

광화문점 서울시 종로구 새문안로 69 구세군회관 1층
02)737-2288 / 02)737-4623(F)

강남점 서울시 서초구 신반포로 177 반포쇼핑타운 3동 2층
02)595-1211 / 02)595-3549(F)

구로점 서울시 동작구 시흥대로 602, 3층 302호
02)858-8744 / 02)838-0653(F)

노원점 서울시 노원구 동일로 1366 삼봉빌딩 지하 1층
02)938-7979 / 02)3391-6169(F)

일산점 경기도 고양시 일산서구 중앙로 1391 레이크타운 지하 1층
031)916-8787 / 031)916-8788(F)

의정부점 경기도 의정부시 청사로47번길 12 성산타워 3층
031)845-0600 / 031)852-6930(F)

인터넷서점 www.lifebook.co.kr